地方高职院校
工会工作
创新的思考

谢铭 著

北方文艺出版社

哈尔滨

图书在版编目（CIP）数据

地方高职院校工会工作创新的思考 / 谢铭著 . −− 哈
尔滨：北方文艺出版社，2022.6
ISBN 978-7-5317-5553-1

Ⅰ . ①地… Ⅱ . ①谢… Ⅲ . ①地方教育 – 高等职业教
育 – 工会工作 – 研究 – 中国 Ⅳ . ① D412.6

中国版本图书馆 CIP 数据核字 (2022) 第 075109 号

地方高职院校工会工作创新的思考
DIFANG GAOZHI YUANXIAO GONGHUI GONGZUO CHUANGXIN DE SIKAO

作　者 / 谢　铭
责任编辑 / 张　璐　　　　　　　　　　封面设计 / 张顺霞

出版发行 / 北方文艺出版社　　　　　　邮　编 / 150008
发行电话 / (0451) 86825533　　　　　经　销 / 新华书店
地　址 / 哈尔滨市南岗区宣庆小区 1 号楼　网　址 / www.bfwy.com

印　刷 / 三河市元兴印务有限公司　　　开　本 / 710mm×1000mm　1/16
字　数 / 150 千　　　　　　　　　　　印　张 / 10.25
版　次 / 2022 年 6 月第 1 版　　　　　印　次 / 2023 年 1 月第 2 次印刷

书　号 / ISBN 978-7-5317-5553-1　　　定　价 / 48.00 元

序　言

　　目前我国高职院校进入高质量发展时期，为了适应发展的需要，高职院校工会的建设尤为重要。地方高职院校工会是党联系高校教职工群众的桥梁和纽带，是教职工权益的代表。伴随着时代的转型和社会的发展，广大地方高职院校工会干部积极探索新时期工会工作的新思路、新途径、新方法，有效地推动了工会工作的深入开展，促进了学校的改革发展，取得了一系列理论成果和创新经验。与此同时，进一步做好工会工作，切实维护广大教师的合法权益，充分调动和激发广大教师的积极性、主动性和创造性，使其踊跃投身教育综合改革，进一步提高教学水平和教育质量，服务地方经济建设，也是各地方高职院校工会面临的重大机遇和挑战。

　　面对工会发展的新形势，地方高职院校工会工作者要继续坚持解放思想、开拓进取、扎实工作、与时俱进，以改革创新的精神，积极探索新形势下工会工作的内容、形式和方法，进一步提高工会职能的发挥水平，展示工会风采，以适应地方高职院校改革发展的新需求。

　　本书从工会理论溯源，研究了地方高职院校工会相关理论和发展脉络，对地方高职院校教代会和职代会组成的双代会制度进行分析，提出要深入推进地方高职院校教代会制度建设，提高地方高职院校教育管理民主决策水平，充分发挥地方高职院校工会的桥梁纽带作用，加强和改进新形势下的工会工作，以"互联网＋"推动工作模式的创新，充分发挥互联网在工会工作中的作用。

　　本书共七章，第一章是地方高职院校工会理论，第二章是地方高职院校"双代会"，第三章是地方高职院校民主管理，第四章是发挥地方高职院校工会的桥梁纽带作用，第五章是加强地方高职院校教职工之家建设，

第六章是加强和改进新时期地方高职院校工会工作，第七章是"互联网＋"在地方高职工会工作中的运用。

本书在编撰过程中曾参考了有关书籍和资料，笔者在此对这些书籍和资料的编著者表示衷心感谢。由于水平有限，本书难免存在不足，敬请广大读者提出宝贵意见，以利今后改进。

目 录

第一章　地方高职院校工会理论

第一节　工会基础理论

"中国工会是中国共产党领导的职工自愿结合的工人阶级群众组织，是党联系职工群众的桥梁和纽带，是国家政权的重要社会支柱，是会员和职工利益的代表。"高校工会作为中国工会的重要组成部分，在不同历史时期发挥着重要的作用，为维护教职工权益及推动高校建设做出过重要贡献，研究其工作具有重要的现实意义。

2019 年 10 月 31 日，中国共产党第十九届中央委员会第四次全体会议通过了《中共中央关于坚持和完善中国特色社会主义制度　推进国家治理体系和治理能力现代化若干重大问题的决定》，提出了"十三个坚持"，展示了我国国家制度和国家治理体系具有的显著优势，强调要坚持和完善人民当家作主制度体系，发展社会主义民主政治。

高校工会是党联系高校教职工群众的桥梁和纽带，是教职工权益的代表，是国家政权的重要社会支柱，是坚持党的集中统一领导、坚持人民当家作主的重要组织，是发展人民民主、密切联系群众的重要途径，发挥着紧紧依靠人民推动国家发展的显著优势的重要作用。高校工会发展历史悠久，其组建方式、具体工作、职能发挥方式等各方面随着现实的需要几经变换，由中国革命的重要参与者到国家政策的拥护者、落实者乃至教职工权益的维护者，其在各个时期都有着不可替代的地位和作用。如今世界局势变化，我国正处于实现中华民族伟大复兴的关键时期，高校工会应顺应时代潮流，在新时期高举中国特色社会主义伟大旗帜，加强自身建设，履行自身职能，保障教职工的合法权益，推动一流高校建设，坚持人才发展战略，但同时也面临着新的问题、新的困境。高校规模不断扩大，其劳资关系也日趋复杂，高校工会实行其维护、参与、建设、教育职能时面临着服务不到位、教职工参与意识不够、维权不及时等诸多现实问题。高校教职工在我国的现代化进程及实现中华民族伟大复兴中发挥着重要的作用。因此，要正确认识高校工会职能，分析其职能运转模式，认清其困境并探寻解决途径，从而提高其职能实现程度，在有效保障教职工合法权益的基础上，解决高校与教职工间的劳动纠纷，推动二者平稳协调发展，为建设世界一流高校奠定坚实的基础，为实现中华民族的伟大复兴持续输出人才。

一、工会及高校工会

（一）工会

工会，字面含义是有共同技艺或技术的劳工的结合。工会作为一种组织，起源于西方，产生于资本主义商品经济生产方式形成时期，此时的社会逐步分裂并简化为两大阶级——资产阶级和无产阶级。工人阶级由于其经济上依附于资产阶级，间接造成其政治上的不独立，不能摆脱被压迫与被剥削的地位，二者之间的矛盾推动了工会的产生。

劳动经济学曾将工会定义为一种集体组织，其基本目标是改善会员货币和非货币的就业条件。由此可见，工会是基于共同利益而自发组织的社会团体。《中国工会章程》明确指出："中国工会是中国共产党领导的职工自愿结合的工人阶级群众组织，是党联系职工群众的桥梁和纽带，是国家政权的重要社会支柱，是会员和职工利益的代表。中国工会以宪法为根本活动准则，按照《中华人民共和国工会法》和本章程独立自主地开展工作，依法行使权利和履行义务。"《中华人民共和国工会法》总则也表明："工会是职工自愿结合的工人阶级的群众组织。中华全国总工会及其各工会组织代表职工的利益，依法维护职工的合法权益。"

（二）高职院校

按照《教育大辞典》的有关概念界定，高等职业技术教育属于第三级教育层次的职业教育和技术教育。从我国当前高等职业教育的状况看，高等职业技术教育主要相当于大学专科层次的教育。联合国教科文组织《国际教育标准分类法》第 5 级为高等教育第一阶段——短线高等教育，是实用型、技术型、职业专门化的高等教育。不难看出，我国的高等职业教育应属短线高等教育。1999 年 6 月 13 日，《中共中央　国务院关于深化教育改革全面推进素质教育的决定》指出："高等职业教育是高等教育的重要组成部分。要大力发展高等职业教育，培养一大批具有必要的理论知识和较强的实践能力，生产、建设、管理、服务第一线和农村急需的专门人才。"

高职院校属于高等教育范畴，是高等教育的一种类型。它是在高中阶段教育或中等职业教育基础上，以生产或工作一线从事生产技术和经营管理的高级专门人才为培养目标，以高等教育理论知识和高级技术技能为内容的职业教育和技术教育。高职院校教育人才培养应强调应用性和技能性。

（三）高校工会

高校工会是中国共产党领导下的教职工自愿结合的工人阶级的群众组织，是统一于中华全国总工会并接受其领导的产业工会。中国高校工会是党和高校教职工联系的桥梁和纽带，是协调教职工与高校间劳资关系的工具，是学校改革建设的重要参与者，是推进社会、国家进步的重要途径。

高校工会具有鲜明的阶级性、群众性、政治性及产业性。在形式上，高校工会实行广大教职工群众的广泛联合；在事实上，教职工以自愿的方式组织并加入高校工会组织；在运行上，以自下而上的方式组织教职工开展活动。高校工会遵循《中国工会章程》《中华人民共和国工会法》《中华人民共和国教师法》等法律法规的规定，在中国教科文卫体工会全国委员会的统一领导下工作，是中华全国总工会的重要组成部分，因而具有鲜明的阶级性、群众性和政治性。

同时，高校工会又是教育系统的产业工会，具有鲜明的产业特点，但因为高校工会以教职工为主体，不同于一般的产业工会组织，具有教育的特点，所以是一种独特的产业工会。

二、地方高职院校工会工作

"师者，所以传道受业解惑也。"教师这一职位在各行业中占据着极为特殊的地位，承担着教书育人，培养新一代有志青年的重大责任，有着提高民族素质的使命。地方高职院校工会作为教职工利益的代表者、与党沟通的桥梁，其职能的发挥及发挥程度也因此具有了重要的意义。地方高职院校工会的职能承继于工会职能，以四项基本职能为基础，又根据自身的需要和实际要求进行了衍生。

（一）维护教职工基本权益

教师是知识和智慧的传播者、人类灵魂的塑造者、教育事业发展的推动者，教师队伍的建设，教师权益的维护，教师积极性、创造性的发挥，关系着教育改革与发展，关系着国家现代化的进程，关系着国家政治、经济、文化等方面的建设，影响着民族振兴的前景。

地方高职院校工会自其成立起就肩负着代表并维护教职工的合法权益的重要职责，无论是法律条文中的规定还是具体实践过程的需要，维护职工合法权益都是地方高职院校工会的基本职责。地方高职院校工会将维护教职工的经济、政治、文化等权益作为自己的基本职能，不断协调高校与教职工间的劳动关系，解决劳动纠纷，维护高校职工的劳动权益，推进和谐劳动关系的建立；监督教职工劳动合同的签订和实施，深入了解教职工的个人情况，保障教职工公平合理地享受薪酬、待遇，维护其经济权益；组织并保障教职工参与学校及相关教育部门的民主决策、民主管理和民主监督，维护教职工的政治权益；积极组织并召集教职工参与文体活动、竞赛，维护其文化权益。

现阶段，地方高职院校工会历经长时间的发展已经构建了较完善的工会体系，在教职工维权、教职工权益保障方面有了丰富的经验，但劳资矛盾、劳动争议依旧存在。

教职工单独作为一个个体经常处于弱势地位，在自身权利的行使过程和义务的履行过程中，往往会出现问题，工会的存在就是为了解决这些问题。

首先是在工资酬劳方面。升职、加薪乃至评优评奖是激发教职工工作积极性的重要方式，也是工会职能发挥的重要环节。工会根据经济发展情况及教职工个人发展状况，向校方争取适当的工资酬劳，监督教职工的晋升、评优评奖，保证教职工在公平、公正、公开的状况下享有自己应有的权益。其次是保障教职工的知情权。监督高校校务公开情况，将与教职工切身相关的工作、政策及教育行业相关的工作、政策公开到教职工群体中，保证其在知情的情况下支持学校及教育事业的进步，参与各项政策的制定和修改。同时关注教职工的福利需求，坚持以人为本的原则，深入了解关心教职工的生活，对家庭困难的教职工进行援助，为陷入困境的教职工提供解决方案。工会是教职工权益的维护者，这种维护不仅体现在解决其劳动纠纷、劳资关系中，也体现在对其生活、工作的关心与维护中。地方高职院校工会充分重视教师节、妇女节、中秋节等特殊节日，发挥工会"送温暖"的职责，加深教职工对工会的认同感与责任感，从而推动地方高职院校工会持续健康发展。

　　《中华人民共和国教师法》《中华人民共和国工会法》《中华人民共和国劳动合同法》等相关法律文件的颁布为地方高职院校工会维护教职工权益提供了依据。这些法律在法律层面上规定了教师的权利与义务，确定了教师的待遇，为保障教师的合法权益、培育具有良好思想品德修养和专业素质的教师队伍、促进社会主义教育事业的发展提供了详细的法律支持。地方高职院校工会要为教职工争取合理的工资报酬及各项福利待遇，保障教职工对学校教育教学、管理工作和教育行政部门的工作提出意见和建议，充分保障高校教职工作为高级知识分子在各项工作中的参与度与话语权，以最先进、最专业的知识为教育工作及社会工作提供支持。

　　地方高职院校工会要扩展职工维权通道，深刻认识到教职工所处的特殊地位，发挥自己的职责。现今工会多将教代会作为发挥维护职能的主要途径，教职工通过教代会在学校规划、改革政策的制定中合理地表达自己的诉求，对学校的教学、管理工作提出意见，同时对教育行政部门中与自身权益密切相关的规定、工作提出意见，争取自己的合法权益。但是，教代会在某些程度上具有局限性，不能及时反映、保障教职工的权利，因此，地方高职院工会行使自己的职能不能只局限于教代会，还需扩展到其他方式、领域之中，不断扩充教职工的维权通道，更有效地传达教职工的意见和建议，充分发挥工会在教职工权益维护中所发挥的作用，对侵犯教师权益的行为进行监督、检举，解决教职工在劳动合同实施过程中的问题，重视其个人诉求。

虽然地方高职院校工会将维护教职工的政治、经济、文化等权益作为职能发挥的重要落脚点，但由于教职工自我权益维护意识淡薄、工会争取权益的流程复杂及最终问题解决方案不合理等问题的存在，地方高职院校工会对教职工权益的维护程度受到影响，维护职能的发挥受到阻碍。因此，地方高职院校工会需要立足实际问题，深入教职工群体中，加强维护职能的落实，促使更多教职工通过工会维护自身的权益，得到应得的福利。

（二）为国家建设提供专业性指导

由于拥有专业性的素养和能力，地方高职院校工会发挥建设职能与其他企业工会或者普通学校的工会都有所不同。地方高职院校工会内部成员都是专业性人才，在推动社会建设、国家建设上发挥着独特的作用。

在政治建设中，地方高职院校工会号召教职工关注国家各项方针政策，参与国家各种政策的制定与解读，用专业性、前沿性的眼光为国家建言献策。在经济方面，地方高职院校工会职能的发挥更多是间接性的。不像普通企业工会引导职工直接参与生产、交换、分配、消费活动，直接增加国内生产总值，地方高职院校工会通过提升教职工的工资、增加福利性投入、推进保障性制度间接地参与生产、交换、分配、消费这些领域，推动我国的经济建设发展。另外，地方高职院校工会关注教职工的个人研究成果，激发教职工知识转换成生产力的意识，将知识转换成生产力，从源头上为国家经济建设贡献力量。在文化、思想方面，高校教职工能够发挥更多的作用。

高校教职工直接培养国家未来的有生力量，其思想与具体知识、技能会直接影响到学生的培养，影响我国文化建设的进程，因此地方高职院校的工会建设职能也将重点放在文化建设中，以推动校园文化建设，加强教育行业文化建设，更深层次地推进国家文化建设。

地方高职院校工会因其特殊的发展目标，对国家建设的推动体现在更隐性的层面。随着经济结构不断调整，新兴产业不断兴起，过去的机械性劳动逐步被脑力劳动、技术性劳动所取代，这对地方高职院校工会的建设职能提出了更多的要求，教职工也承担了更加重要的责任。地方高职院校工会在结合高校实际情况的基础上，顺应社会和高校发展的需要，充分发挥地方高职院校工会的建设职能，引导教职工参与到国家建设之中，不断提升自身素质，加强教学、科研能力，带动各领域的改革发展。地方高职院校工会要充分尊重教职工在学校建设中的主人翁地位，利用多种教学及科研竞赛、考核活动，激发教职工的教学热情和工作热情，提高教职工"教书育人、管理育人、服务育人"的水平。此外，要提升教职工的师德师风，提高其整体素质，在进行教学和科研创新的同时，提高高校人才质量，优化教职工队伍，加强其工作的自觉性、自律性，更有效地推动国家的建设与改革。

（三）参与学校、社会及国家管理

地方高职院校工会的参与职能一方面是参与国家及社会管理，另一方面是参与学校内的具体事务，而其主要的落脚点是参与学校的管理，但其主要贡献体现在国家管理上。参与职能是高校教职工发挥主观能动性、彰显主人翁地位的具体表现，我国是人民民主专政的社会主义国家，充分发挥教职工主人翁作用是高校推动高校改革发展及国家管理建设的必然要求。

地方高职院校工会内部会员本身为高素质人才，个人能力、知识水平较高，民主意识较强，在参与民主管理、民主监督过程中所能发挥的作用相对较高，因而要注重鼓励教职工参与到民主管理进程中，为高校乃至社会、国家改革发展贡献智慧。

地方高职院校工会通过教职工代表大会制度，组织、代表教职工参与民主管理，体现主人翁地位、发扬主体精神、发挥民主作用。首先，地方高职院校工会运用现代化、多层次、多途径的信息筛选手段提高对教职工意见收集、筛选的速度，调动职工参与学校管理、决策的积极性和主动性，同时保障教代会各项职权的行使与发挥，充分落实教职工诉求，保障教职工参与学校民主管理和民主监督进程；其次，紧跟国家发展步伐，关注国家政策和工作，组织教职工在国家大政方针下进行教育活动，参与教育行业的改革，为国家各行业发展提供理论上的支持与引导；最后，培育更多的专业人才，为国家的建设改革注入有生力量。

地方高职院校工会的参与职能，不是一个简单的文字规范，总体来看更具有现实性，高校教职工有能力也有义务参与学校乃至国家的民主管理。高职院校工会要在不断优化学校乃至国家的建设中增强教职工在参与过程中的获得感和责任感，增强其主人翁意识，从而形成良性互动。

参与职能是地方高职院校工会存在的重要意义。工会只有实现了参与职能，才能保障教职工在民主管理、民主监督、民主参与的过程中行使自己的权利，争取自己的利益，维护自己的主体地位。同时，教职工只有充分参与学校乃至国家的建设，才能推进学校管理制度、教学制度的完善，推动教育行业的改革发展。

（四）培育优质教职工

地方高职院校工会不同于普通的产业工会，其教育职能的发挥具有特殊意义。地方高职院校工会通过教育不断提高教职工的思想道德、技术业务和科学文化素质，提升高校发展质量，推进我国人才发展战略，为实现中华民族伟大复兴奠定坚实的文化基础。

高校教职工因其特殊的教育环境，本身就具有较高的文化素养和知识储备，而就学校发展而言，学校对教师主体的个人教学水平、科研能力等方面更为注重，这种情况下容易疏忽对其道德素养、人文素养的要求。实际上，教师作为人才培养的主体，其师德师风、人文素养很大程度上会影响对学生的培养，因此，充分发挥工会教育职能十分必要。

首先，地方高职院校工会不断深化思想政治教育建设。全国高校思想政治工作会议强调"把思想政治工作贯穿教育教学全过程，实现全程育人、全方位育人，努力开创我国高等教育事业发展新局面"。要求高校全体教职工发挥育人精神，将思想政治教育贯穿学生发展的始终。这种教育不仅是学生的教育，更是教职工的教育，要想将学生培养成有理想、有目标、有道德、有文化的青年，教职工本身就要在此方面有着极高的思想政治素养。第一，地方高职院校工会要紧跟党的步伐，整理收集党的会议精神，组织教职工集中统一学习，不断提升教职工的思想政治水平。第二，将教育工作与日常活动对接。思政教育不是单调、空泛的理论，其中所蕴含的深刻含义是生活与学习的精神指引，是借用一定的艺术、活动形式来消除刻意安排学习中少数人的抵触和消极情绪。第三，随着"互联网＋"的发展，思政教育有了更广阔的平台与途径，工会在进行教育时，不必拘泥于时间、地点，采取"多途径、多形式、多层次"的教育方式，既能解决学习者的不便，又能通过不同的途径扩大教育范围，带动教职工主动学习的热情，推动思政教育的影响范围。

其次，地方高职院校工会持续推进人文道德教育。高校的存在构建起师生沟通交流的平台，相比其他机构更具有温情与人文关怀，因而地方高职院校工会对人文教育不可忽视。教职工忙于自身的教学、管理、科研等方面的工作，专注于学术和本职工作，不会专注于人文情怀的培养，且人文道德培养更加隐晦，是一个潜移默化的过程，单纯的理论性、灌输性教育是没有效果的，这就需要地方高职院校工会发挥自己的教育职能，推进教职工人文素养的培育。高校教职工本身就是高素质人才，对其人文道德教育需要其真正认同，要坚持理论指导实践的原则、坚持立德树人、坚持以人为本，充分考虑到教职工的个体情况，从其自身角度出发开展教育。同时要充分发挥工会的监督职责，除了加强教育，更要充分监督教职工的个人情况，当其个人人文道德教育出现问题时需及时解决，多方面提升教职工的人文道德素养。

加强教职工思政教育、人文道德教育是现今地方高职院校工会发挥职能中不可或缺的一部分。地方高职院校工会在发展中必须坚持与时俱进、以人为本，多层次开展思政、人文、德行等方面的教育，加强教职工师德师风建设、道德建设，监督其行为，开展劳模评定，宣传标兵模范，不断提升其思想道德水平，充分发挥工会教育职能，加强人才队伍建设，为高校发展奠定坚实的基础。

维护、参与、建设、教育四个职能是不可分割的一个整体，四项职能相互交织，相互影响，贯穿高校工会工作的始终，为建设更加优质的教职工团队提供坚实的保障，不断提升解决教职工切实问题的能力，为建设更高效、和谐的校园提供支持，为实现中国特色社会主义现代化建设提供不竭的动力。

第二节　地方高职院校工会发展脉络及其特点

一、地方高职院校工会发展脉络

从中国产业工人产生到中国特色社会主义新时代，中国工人运动走过了近两百年的曲折历程，中国地方高职院校工会在党的带领指导下，取得了巨大的成绩，为维护教职工权益、推进地方高职院校工会改革建设乃至促进中国社会及国家发展做出了巨大贡献。但地方高职院校工会也面临着新的问题、新的挑战，法律法规体系不健全、工会队伍建设不足、工会经费不独立等问题桎梏着工会在新时期的创新发展。

我国的地方高职院校工会是教职工合法权益的代表者和维护者，是党组织联系教职工的桥梁和纽带，是高校行政组织可靠的合作者和监督者，是社会治理的积极参与者和协调者。工会四项基本职能落实不足，会直接影响教职工在实际权益上的享有，消磨教职工对学校改革、建设的热情，影响教职工在社会治理中的贡献。

地方高职院校工会落实维护职能，通过利益协调、诉求表达、矛盾调解、权益保障等机制，维护教职工的经济、政治、文化权益，解决教职工最关心、最需要的现实问题；发展建设职能，引导教职工积极参加学校建设、动员教职工参与社会建设及国家建设；落实参与职能，组织教职工参与学校乃至国家社会事务的管理，充分展现我国人民当家做主的政治立场；深化教育职能，不断提高教职工的思想政治素质、职业道德、文化知识水平、劳动技能等素养，推进教职工适应时代发展，符合社会需要。地方高职院校工会的四项基本职能，相互促进、相互影响，统一于同一整体之中，推动着工会的整体运作。

地方高职院校工会在不同的发展时期有着不同的规模和作用，现今的工会有着独立的政治地位，独立的运行机构和独有职责，必须正视自身职能履行中的不足与问题，不断提升自身职能的执行力度与执行能力。首先，要优化工会组织建设结构，处理好工会与党委、行政组织之间的关系，与时俱进、创新工作方式，保证工会职能有序开展。要想推进工会职能的落实，必须构建有效的监督体系，保证工会在内外监督下行使职权。其次，要构建完备的法律法规体系，让工会职能及职能具体发挥有法可依、有理可据，保证工会职能不缺位、不越位，保证工会工作既符合法律规定又让教职工放心满意。再次，要加强工会队伍的建设，通过优化干部选拔、加强工会干部专业工作能力、深化思想政治教育、改良其工作作风，培育一批"有理想、有文化、有道德、有纪律"的优秀工会干部，充分发挥工会职能，为推进工会建设发展提供有生力量。最后，要保持工会经费独立，资金独立、组织独立才能保证工会独立的话语权，保证工会不受任何外力的干扰，建立以工会为主导的职能发挥模式，最大限度地调动工会工作人员的积极性，为工会职能发挥扫清障碍。

综上所述，地方高职院校工会工作的开展是保障教职工应有权益的必然选择，是推进高校、社会乃至国家繁荣发展的必要途径。工会职能的落实是一项持久性的工程，需要工会在自身实践的基础上总结经验、重视问题、解决问题，因地制宜地构建符合自己需要的组织结构、监督机构、规章制度，扩宽工会资金来源，在充足资金的保障下落实工会四项基本职能，保障教职工的各项权益。

二、地方高职院校工会工作特点

地方高职院校工会自产生就是教职工切身利益的维护者、监督者。地方高职院校工会的四项基本职能是维护、建设、参与及教育职能。在新时代，工会要认真贯彻落实构建联系广泛、服务职工的工会工作体系。但地方高职院校工会在职能的实际履行中还存在一些未解决问题，这些问题触犯了教职工的利益，也阻碍了工会的创新发展。

中国地方高职院校工会作为工人阶级的群众性组织，其工作紧随国家政策变化而变化。中华人民共和国成立初期，中国地方高职院校工会强调以生

11

产为中心，生产、生活、教育三位一体；改革开放初期，地方高职院校工会的工作在党的领导下转变为"维护、建设、参与、教育"四项基本职能。地方高职院校工会的规模在争取教职工权益的斗争、参与国家建设中逐步壮大，在不同历史时期发挥着其独特的作用。

（一）有效提升了教职工的个人能力

地方高职院校工会具有教育人的显著特征，在提升教职工的个人能力方面有着显著成效。

地方高职院校工会一直将加强教职工队伍建设，提升教职工个人素养作为自己工作的重点，秉持着"教书育人、管理育人、服务育人"的工作理念，培养出一批批"有理想、有道德、有文化、有纪律"的教职工。地方高职院校工会开办各种交流会，推动科研技术、先进思想的交流沟通，提升教职工的学术科研水平，推动我国科学技术及政治文化的进步与发展。同时重视思想政治教育的作用，通过多种途径提升教职工的师德师风、个人素养及思想境界，为培养高素质人才奠定坚实的基础，为推进我国的精神文明建设做出了极大的贡献。

（二）协调了高校与教职工间的劳动关系

劳动关系是关乎社会和谐稳定、国家改革发展的重要问题。随着我国经济体制的变化发展，我国劳动关系日益复杂，劳动争议也成为重要的社会问题。地方高职院校工会是解决劳动争议、缓和各方劳资关系、解决利益摩擦的重要场所。1989年12月，中共中央发出了《中共中央关于加强和改善党对工会、共青团、妇联工作领导的通知》，支持工会维护全国人民总体利益，同时要更好地代表和维护其所代表的职工的具体利益，要求工会发挥在国家社会事务中的民主参与、民主监督作用，增强基层工会的活力，加强工会干部队伍的建设。我国地方高职院校工会将维护职能作为基本职能，依照《中华人民共和国教师法》《中华人民共和国工会法》《中国工会章程》等法律法规行使职权，调解劳动关系、解决劳动争议，对触犯教职工权益的行做出具体处罚措施，引导教职工参与学校中与其切身利益相关的规章制度建设，提出自己的建议，争取个人劳动权益，监督学校劳动合同的签订和具体状况的落实，确保教职工合法劳动权益和诉求得到落实。我国高校逐步建立起现代化的工会制度，不断推动自身维护职能的发挥，推动高校和教职工间形成良性互动，在缓和二者间的矛盾、构建和谐的劳动关系方面取得了建设性的成果，为建设一流高校、开创工作新局面提供了有力支持。

（三）推动了国家经济、政治、文化等方面的建设

高校工会在中华人民共和国成立后真正进入了它的起步阶段，成为支持国家建设发展的重要社会力量，切实成为教职工切身利益的维护者、监督者，国家建设的参与者。1953年5月，中国工会召开了第七次全国代表大会，会议通过了《为完成国家工业建设的任务而奋斗》的决议，确定了"以生产为中心，生产、生活、教育三位一体"的工作方针。高校工会号召职工群众积极参与国家经济建设，推进生产、分配、交换、消费环节顺利流通，成为经济建设、社会建设、政治生活中的重要推动力量。直至今日，地方高职院校工会始终坚持党的领导方针，紧跟党的脚步，始终将自身利益与国家利益相挂钩，培养优秀的教职工，持续为国家的政治、经济、文化等多方面建设输送人才。相比于其他行业，地方高职院校工会在对国家建设的推动上更多体现在隐性层面，通过构建和谐的劳动关系，争取教职工利益，侧面推动国家经济的发展，通过参与国家政策的制定，以及对国家政策、方针的解读和宣传，侧面推进国家政治的发展，通过提升科研水平和学科研究深度推进我国文化建设。地方高职院校工会通过直接或间接的方式，引导教职工推动国家的政治、经济、文化及生态等方面的建设。

地方高职院校工会在党的领导下坚持以教职工为中心的工作导向，立足于四项基本职能，紧抓教职工最关心、最直接、最现实的利益问题，认真履行维护教职工合法权益的职能、竭诚服务教职工群众，做让教职工群众信赖的职工之家，成为教职工的"娘家人"、贴心人。不断深化教职工知识、人文、政治等方面素养的培养，培育符合国家需要，且有利于国家建设的优质教职工。不断加强工会干部的教育、管理、监督，坚决防止"四风"，特别是形

式主义、官僚主义，保证工会工作落在实处，解决教职工诉求，协调劳动纠纷，构建和谐的劳资关系，推动高校与教职工间形成良性互动，推进高校持续健康发展。同时，积极引导教职工投身于国家建设，多年来在我国的政治、经济、文化等方面的建设中做出了重要贡献。

第三节　地方高职院校工会组织性质、地位和职能

一、中国工会的性质、地位和职能

（一）中国工会的性质

《中华人民共和国工会法》第二条规定："工会是职工自愿结合的工人阶级的群众组织。中华全国总工会及其各工会组织代表职工的利益，依法维护职工的合法权益。"《中国工会章程》总则开宗明义地规定："中国工会是中国共产党领导的职工自愿结合的工人阶级群众组织，是党联系职工群众的桥梁和纽带，是国家政权的重要社会支柱，是会员和职工利益的代表。"全面、正确理解工会的性质要把握以下三点：

一是自愿性。工会是职工自愿加入、自愿结合的组织，是为了职工的共同利益和愿望而结盟的组织。共同利益包括眼前的具体的经济利益，也包括长远的整体的阶级利益、政治利益。自愿结合、结社成为团体，这是工会存在、发展和开展活动的基本前提。

二是群众性。按照《中华人民共和国工会法》规定，只要是在中国境内的企业、事业单位、机关中以工资收入为主要生活来源的体力劳动者和脑力劳动者，不分民族、种族、性别、职业、宗教信仰、教育程度，都有依法参加和组织工会的权利，任何组织和个人不得阻挠和限制。由此可知，一方面，工会组成成员的广泛性和群众性决定了工会组织不是仅仅由少数工人阶级成员组成的组织，而是"以工资收入为主要生活来源"的最广大工人阶级成员的组织。另一方面，群众性决定了工会组织成员并非都是素质高的、表现好的劳动者。正如毛泽东曾在中华人民共和国成立之初指出的那样，除了破坏

分子及资本家外，一切职工，即使是政治上落后的人，都应包括在工会组织之内。还有一点需要明确的是，工会组织代表的群众性指的是，工会既代表会员的利益，也代表未加入工会的职工的利益。群众性还体现为工会的组织原则和工作方式必须实行民主集中制，必须坚持民主化、群众化。群众性是工会的本质属性。

三是阶级性。中国工会是工人阶级性质的群众组织，是实现工人阶级利益的组织。我国工人阶级是中国共产党最坚实、最可靠的阶级基础，工会是党领导下的工人阶级群众组织，党是工人阶级的先锋队，党引领和指导工人阶级实现其社会利益和历史使命。阶级性和政治性是中国工会区别于其他社会制度下的工会的主要特征。

中国工会的性质特点是自愿性、群众性、阶级性的有机统一。自愿性是基础属性，群众性是本质属性，阶级性是中国工会的鲜明属性。

（二）中国工会的地位

工会的地位是指工会在国家政治、经济、社会生活中所处的位置，是法律所认同和保障的。

工会的政治地位主要表现在它与党和政府的相互关系中，并且与人民民主专政的国体相联系。中国工会在国家政治生活中处于基础地位，作为党联系广大职工群众的桥梁和纽带，它是党的阶级基础和群众基础，作为国家政权的重要社会支柱，它是人民政府得到有力支持的重要群众基础。尊重工会在政府和行政面前代表职工群众的身份和地位，对于正确处理人民内部矛盾，巩固社会主义政治基础具有重要意义。

工会的经济地位具体体现在劳动关系领域中。首先，工会拥有法人资格。相对于企业法人，工会具有社团法人资格。劳动者一方自愿结合成为具有社团法人资格的工会组织，使劳动关系双方平等协商和职工参与企事业民主管理成为现实。在劳动关系中，工会代表的维护劳动者合法权益可分为两个层次：一个层次是劳动者的基本权益，就是工会依法享有代表劳动者同企事业行政单位进行平等协商和民主管理的权利，这是实现劳动者其他权益的前提条件；另一个层次是劳动者的具体权益，即劳动者个人权益，主要是指工资、劳动报酬、工时、劳动保护、社会保障等具体利益。其次，工会的经济地位还表现在劳资双方平等协商的法律地位上。社会主义市场经济的发展，离不开劳动关系的协调和稳定。这就要求在劳动关系的调整过程中，工会作为劳动者合法权益的代表者和维护者，在与资产所有者和经营管理者相互交往中应当处于平等的地位。在社会经济活动中，劳动关系双方地位的平等是社会主义市场经济的必然要求，也是工会社会政治地位和法律地位的客观要求。

工会的法律地位是工会政治、经济地位在法律上的确认和体现。在我国法律制度中，工会的法律地位又集中体现在工会的法定权利与义务及工会的法人资格等方面。从法定权利来说，工会的代表权是工会各项权利的前提，工会的维护权、参与权、平等协商权、监督权等是实质内容。工会的法人资格也是工会地位的法律表现，作为社会团体法人，工会的财产和经费不受侵犯，同时工会的法人资格也为工会的现实地位提供了国家的法律保障。

落实上述工会的地位，同国家的政治体制、党政工三者关系、工会的组织程度、党政对工会的重视、工会在群众中的威望、法律保障、舆论宣传和工会的社会影响力等因素密切相关。就工会自身而言，有位首先要有为。有为就是要按照工会自身职能和法律赋予的权利与义务发挥应有的作用。其次要创新工会组织体制和运行机制，不断适应企事业所有制类型、劳动关系和职工队伍发生的变化，使工会工作贴近实际、贴近职工的需求，使工会组织真正成为职工群众信赖的"职工之家"。

（三）中国工会的职能

明确中国工会的职能，是把握工会在党和政府工作大局中的定位，更好地发挥与自己地位相称的作用的关键。

工会的职能就是工会通过职责的明确和履行所发挥出的社会功能，是职责和功能的有机统一。职责是要说明工会是干什么的，功能是指工会在履行了自己的职责之后，会起到什么样的社会效果。职责与功能紧密相连，不可分割。

工会的职能是在一定的社会历史条件下确定的。我们党经历革命、建设和改革三个历史时期，工人阶级状况和中国工会的发展也经历了三个不同的时期，因此工会的地位、职能也发生了相应的变化。尤其是在发展社会主义市场经济的历史新阶段，由于社会经济关系和劳动关系发生了深刻变化，工会的职能也要随之调整，在履行好建设、教育、参与职能的同时，更加突出维护职能。也就是说，在不同的社会历史条件下，充分发挥工会职能，就要对经济关系和劳动关系的发展规律、工人阶级队伍的发展规律、工人运动和工会工作的发展规律有一个清醒、正确、全面的认识。

1. 工会的维护职能

工会维护职能即工会维护职工群众合法利益的职能。维护职工群众的合法权益，既是职工群众对工会的要求，又是工会组织的本质属性使然，也是法律赋予工会的任务。工会应密切关注就业、工资、工时、安全生产、劳动保护、社会保障、职工福利、职业教育和劳动争议处理等直接涉及职工切身利益的问题。倾听职工群众的呼声，关心职工群众疾苦，尽心尽力地为职工群众说话、办事，主动、依法、科学维护职工群众的合法权益。

1983 年 10 月，中国工会第十次全国代表大会确立了以经济建设为中心的工作方针，其中特别提出工会要为职工群众说话、办事，维护职工群众的合法权益。这是中华人民共和国成立以来第一次将"维护"职能正式写入工会的工作方针。18 年后的 2001 年，《中华人民共和国工会法》修订，将"维护职工合法权益是工会的基本职责"写入法律，在建设社会主义市场经济条件下，进一步突出了工会维护职能的重要性。

当然，上面所强调的维护职能指的是维护全国人民的总体利益和维护职工群众的具体利益这"两个维护"的统一，也是维护职工群众的眼前利益与长远利益，以及政治权利与经济利益、精神文化权益的统一。

2. 工会的建设职能

工会的建设职能即工会引导和组织职工群众参加建设与改革，努力完成经济和社会发展任务的职能。中国工会在不同的社会历史条件下，因其工人阶级的历史使命和目标任务的不同，建设职能的价值取向也有不同。正如列宁指出的那样，随着无产阶级把国家政权掌握到自己手里，工会的活动也发生了一个重大转折，工会成了新社会的主要建设者。因此，在社会主义经济建设时期，发展经济、推进改革、提高效率、增强企业活力，是工人阶级的光荣责任，也是实现职工切身利益和长远利益的可靠基础。

当然，工会所履行的建设职能与国家管理机关、企事业单位的建设职能有所不同，工会作为群众组织，其建设职能有自身的特点。这种特点表现在生产领域中，不是代替行政组织或企业经营管理者直接组织经济活动和指挥生产、从事经营，而是依靠引导的方式及履行劳动者职责的主张来推动职工群众参加经济建设。工会建设职能的特点，还表现在工会组织的群众性生产活动上，如劳动竞赛、技术协作、技术革新、合理化建议等，以及工会自身的经济事业，不是单纯从事经济生产活动，而是着眼于调动职工群众的生产积极性，进而协调劳动关系，完善社会主义生产关系。

在社会主义市场经济条件下，随着经济体制和企业改革的深化，工会通过协调生产关系来调动职工生产积极性以推动经济建设的职责将越来越突出，它已逐渐成为工会引导职工群众参加建设和改革的主要手段。

3. 工会的参与职能

工会的参与职能即工会代表和组织职工参与国家和社会事务管理，参与企事业单位民主管理的职能。工会参与职能具有两个层次的主要内容：一是各级工会要成为职工群众有组织地参政议政的民主渠道；二是基层工会要做好以职（教）代会为基本形式的职（教）工民主管理日常工作机构的工作。

工会履行参与职能有多种形式和渠道，主要有：参与立法和政策的制定；工会与政府及其有关部门召开联席会议；参加协调劳动关系三方会议；发挥工会界代表和委员在各级人大、政协中的作用；加强基层职工民主管理，完善劳动关系协调机制；畅通信息渠道；等等。此外，工会履行参与职能的一个重要途径是民主监督，以实现职工群众的民主权利。工会的民主监督，可以避免各种管理和决策失误带来的社会危害，也有利于消除官僚主义和社会腐败现象，同时有助于广大职工群众及时了解各类社会问题的事实真相，从而营造平稳和谐的社会环境。

4. 工会的教育职能

工会的教育职能即工会帮助职工不断提高思想政治觉悟和文化技术素质的职能，职工群众可以在实践中学习理论。工会教育职能包括两个方面的内容：一是思想政治教育；二是文化技术教育。

在思想政治教育方面，工会要在职工中抓好社会主义核心价值观与法治教育，树立并坚定走中国特色社会主义道路的信心。在文化技术教育方面，工会要积极参与职工教育的管理工作，积极参与职工教育规划的制订工作，维护职工受教育的权利。同时，应办好工会的各类学校，以岗位培训和职业教育为重点，推进职工教育的改革。要继续抓好群众性的读书自学和"创建学习型组织，争做知识型职工"活动，广泛开展"工会知识进校园、工会理论进课堂、专家学者进工会"的活动，宣传中国特色社会主义工会发展理论，不断扩大工会的吸引力和影响力。

中国工会的上述四项社会职能既相互区别，又密切联系，是一个有机整体。"维护职能"是基本职能、原生职能，是全面履行职能的前提；"建设职能"是全面履行职能的基础；"参与职能"体现了广大职工群众当家作主的权利，是全面履行职能的途径；职工群众只有具备了较高的思想政治素质和文化技术素质，才能更好地发挥主动性和创造性，更好地维护自身权益，因此"教育职能"是全面履行职能的保证。

必须指出的是，在我国确立社会主义市场经济体制，全面建成小康社会，实现"中国梦"的新的历史时期，维护职工的合法权益已经成为中国工会的一项基本职责。当前我国正处于结构转型的社会矛盾多发期，"维护"已经成为一面旗帜，只有组织起来，切实维护好职工群众的合法权益，党才能保持与广大工人阶级的密切联系，才能不断巩固和加强党的阶级基础和群众基础。突出"维护职能"是工会为适应社会主义市场经济条件下的社会经济关系、劳动关系变化而做出的战略决策，是新的历史条件下工会理论和实践创新的重大成果。

二、地方高职院校工会组织的性质、地位和职能

根据《中华人民共和国工会法》对工会组织的规定："企业、事业单位、机关有会员二十五人以上的，应当建立基层工会委员会；不足二十五人的，可以单独建立基层工会委员会，也可以由两个以上单位的会员联合建立基层工会委员会，也可以选举组织员一人，组织会员开展活动。女职工人数较多的，可以建立工会女职工委员会，在同级工会领导下开展工作；女职工人数较少的，可以在工会委员会中设女职工委员。""同一行业或者性质相近的几个行业，可以根据需要建立全国的或者地方的产业工会。"因此，作为事业单位的高校依法建立的工会组织，隶属于教科文卫体工会（以原教育工会为基础扩展组建起来的产业工会）。

我国工人阶级由产业工人、知识分子和管理者组成，高校作为知识分子高度集聚的地方，其自愿结合的工会组织，除了拥有中国工会的一般特点，另有其特殊性。

按照《中国工会章程》，地方高职院校工会是地方高校学校党委领导的教职工自愿结合的工人阶级群众组织，是学校党委联系教职工群众的桥梁和纽带，是学校组织结构中重要的群众团体之一，是学校民主管理的日常工作机构，是教职工会员和教职工利益的代表者。

高等教育的任务是培养具有创新精神和实践能力的高级专门人才，发展科学技术文化，促进社会主义现代化建设。地方高职院校工会要如何围绕中心、服务大局，切实发挥作用，应在正确认识地方高职院校工会性质的基础上，明确职责，准确定位，扮演好以下角色：

一是地方高职院校工会要成为党委决策、部署的积极响应者、宣传者。地方高职院校工会要在上级工会和校党委的领导下开展工作。工会工作是学校党委党群工作的一部分，要始终围绕党委的中心工作，发挥工会组织的特殊优势，做党委的"助手"。

二是地方高职院校工会要成为学校各项工作任务的积极参与者、组织者。教职工是学校办学的主体，肩负着教学、科研、服务社会的各项任务。工会

要积极组织发动广大教职工，按照年度目标任务，恪尽职守，勤奋工作，努力成为行政的"帮手"。

三是地方高职院校工会要成为教职工合法权益的代表者、维护者。一方面，随着事业单位人事制度改革的不断深入，岗位聘任、绩效工资、年度考核制度的实施，出现了一系列涉及教职工权益的新情况、新问题；另一方面，高校教职工学历层次高、思想活跃、民主意识强，随着社会主义民主政治建设的推进和完善，教职工的经济、政治、精神文化等诸方面的利益诉求和权益维护的要求越来越多。地方高职院校工会只有真正成为教职工合法权益的代表者、维护者，才能发挥好"桥梁、纽带"的作用，协调好人事（劳动）关系，充分调动教职工的积极性。也只有这样，广大教职工才会把工会看作成自己的组织，才会把工会干部视作可信赖的"娘家人"。所以，地方高职院校工会还要成为教职工会员的"左右手"。

第四节　高校校、院两级工会工作的基本内容和主要任务

一、地方高职院校工会工作内容和主要任务

根据《中国工会章程》、法律赋予工会的四项职能，以及高校办学的目标、任务，地方高职院校工会的日常工作主要有十个方面的内容。

（一）推进民主管理

民主管理是构建现代大学制度的重要内容之一，是国家法律法规赋予广大教职工的一项重要职责，也是高校落实全心全意依靠教职工办学方针的重要体现。工会要代表和组织广大教职工依照有关法律规定，通过教职工代表大会、校务公开、民主恳谈及贯彻落实"学校章程"等形式，积极参加学校的民主管理和民主监督。当前，要以制订"学校章程"、贯彻落实教育部32号令（《学校教职工代表大会规定》）、构建现代大学制度为契机，在建立完善教代会制度的基础上，不断丰富民主管理的内容和形式，建立推进地方

高职院校民主管理的有效机制，努力提高办学效率和办学水平。同时，地方高职院校工会作为教代会的工作机构，要做好教代会的日常工作，落实好教代会通过的各项决定、决议。

（二）参与协调人事（劳动）关系，处理教职工校内申诉

随着事业单位以岗位聘任、绩效工资为主要内容的人事制度改革的深入，教职工的利益诉求逐渐增多，人事关系的协调和校内申诉的处理将成为高校必须面对的新课题。工会作为教职工合法权益的代表者和维护者，要主动帮助和指导教职工与学校签订聘任、聘用合同，建立与学校行政的有关人事（劳动）争议的协商制度，制订出台教职工校内申诉处理办法，并认真做好相关工作，为教职工合法权益的维护提供各类服务、发挥协调作用。

（三）组织教职工广泛开展"劳动竞赛"活动

地方高职院校工会组织"劳动竞赛"，应针对不同群体，开展不同内容的技能竞赛活动。教师群体，主要开展教学技能竞赛活动；后勤职工群体，主要开展职业技能竞赛活动，如烹饪、装卸、驾驶、钳工等技能竞赛；管理干部群体，主要开展管理知识、现代化办公、信息技术及文明礼仪等竞赛活动。同时，围绕教学、科研和管理等主题，开展建言献策、谋划发展、技术创新等活动。总之，要通过"劳动竞赛"，不断提高教职工队伍的整体素质。

（四）协助开展教职工思想政治教育

工会要积极协助党委宣传部开展以师德师风、"三育人"为主要内容的社会主义核心价值观教育，以"创建学习型组织，争做研究型教工""劳动美、中国梦""工会知识进校园、工会理论进课堂、专家学者进工会"等主题活动为载体，广泛开展理论学习、职业道德、教书育人等思想政治教育，统一思想，凝心聚力，促进学校事业健康发展。

（五）开展教职工文体、疗休养活动

文体、疗休养活动是地方高职院校工会的传统项目，深受广大教职工的

喜爱和期待。要从维护广大教职工健身健康权益、休息休养权益的高度，组织开展形式多样、各具特色的文体和疗休养活动。通过丰富多彩的文体活动，使广大教职工强身健体、修身养性、陶冶情操，凝聚积极工作、奋发向上的正能量。

（六）监督有关法律、法规的贯彻执行

工会要协助和督促学校有关部门做好工资、劳动安全卫生和社会保险、保障等方面工作，办好教职工集体福利事业，改善教职工生活，依法参与学校范围内的劳动安全卫生事故的调查处理。工会还应积极协助有关部门，开展法治宣传，增强各级领导干部依法治校、按章管校的自觉性，不断提升学校的法治化水平。

（七）困难帮扶和送温暖活动

困难帮扶和送温暖活动，也是工会的一项传统工作，是工会服务教职工的重要职责之一。工会要针对特殊群体、困难群体和相对弱势群体，代表学校党政开展困难帮扶和送温暖活动。要从各自高校的实际情况出发，建立教职工的日常帮扶机制，把组织的关心、"教工之家"的温暖送到困难家庭。

（八）做好女教职工、青年教职工工作

女教职工和青年教职工是高校教职工中的重要群体，工会要成立女教职工工作委员会和青年教职工工作委员会，维护好女教职工的特殊利益，同歧视、虐待、摧残女教职工的现象做斗争，发挥好青年教职工在教学、科研和管理中的作用。

（九）做好组织建设，健全民主制度和民主生活

要做好工会的建会和入会工作。高校大量使用非事业编制的职工，要特别重视吸收非事业编制职工的入会工作。非事业编制职工是教职工的组成部分。新形势下，在高校落实"两个普遍"（普遍建立工会组织，普遍建立工资集体协商制度）同样有现实意义。同时，还要做好会籍管理、会员教育和

发展工会积极分子队伍的工作，健全民主制度和民主生活，使工会组织成为民主的模范，民主方式成为工会工作的习惯。

（十）收好、管好、用好工会经费，管理好工会资产和工会的企业、事业

工会经费是工会为教职工服务、开展工会活动的物质基础，要依法及时、足额地收好、管好、用好工会经费。工会应当根据经费独立原则，建立预算、决算和经费审查监督制度。工会经费收支情况应当自觉接受同级工会经费审查委员会审查，并且要定期向会员代表大会报告，接受监督。工会的财产、经费、行政及上级工会拨给工会使用的不动产，任何组织和个人不得侵占、挪用和任意调拨。新的形势下，收好、管好、用好工会经费，经营好工会资产和工会企事业对于建设学习型、创新型、实力型工会有着特殊意义。

应该指出的是，上述十个方面的主要任务是针对地方高职院校工会委员会而言的，这十个方面的任务是工会四项职能在地方高职院校工会工作中的具体体现。

二、二级学院（单位）工会委员会委员的职责

高校二级工会工作是学校工会工作的基础、依靠，是学校工会整体工作的重要组成部分，是充分发挥学校党委与广大教职工之间"桥梁、纽带"作用的主要窗口，是学校工会组织的细胞，是学校工会发动广大教职工积极参与并完成学校各项任务的组织保障。做好地方高职院校工会基层组织建设，就是要把重心放在二级工会和工会小组上。可以说，地方高职院校工会的影响力、凝聚力和战斗力的强弱，取决于二级工会和工会小组的工作水平和作用发挥状况。高校二级工会除了不具有社会团体法人资格、工会经费不独立，其性质、地位和职能与学校工会基本一致。上述学校工会十方面的日常工作，同样适用于二级工会，这里不再赘述。

充分发挥二级工会的作用，关键是要选好工会委员会，明确各委员的职责，认真做好各项工作。

（一）组织委员

（1）换届时做好工会干部的推选工作。

（2）做好工会的组织管理和会员发展工作，建立工会干部和会员档案，随时掌握会员的变化情况，做好会员会籍管理工作。

（3）会同财务人员做好会费的合理使用和管理工作。

（4）做好"师德标兵""三育人"先进个人及工会的"评先"推荐工作。

（5）做好教代会闭会期间的组织工作。

（6）总结"建家"的经验，发挥"小家"的积极作用。

（二）文体委员

（1）负责教职工的文娱、体育活动，有计划地组织开展文娱、体育等活动。

（2）根据教职工意愿，及时调整、充实、丰富文体活动的形式和内容。

（三）福利委员

（1）关心教职工的生活福利，了解和反映他们的意见，为教职工排忧解难。

（2）调查掌握、监督教职工的劳动保护情况，特别是对有害、有毒工种人员的劳动安全保护。

（3）协助做好教职工"送温暖"活动，关心和帮助有困难的教职工。

（4）掌握教职工中的伤病困难等情况，及时做好慰问工作。

（四）女工委员

（1）维护女教职工的合法权益，组织动员女职工积极参与学校的教育改革和民主管理，提高女教职工参政议政的能力，争取男女平等的权利。

（2）对女教职工开展"自尊、自爱、自强"教育，支持和鼓励她们在教学、科研、管理工作中发挥"半边天"的作用。

（3）同侵犯女教职工合法权益和歧视、迫害妇女及儿童的行为做斗争。

（4）为解决大龄、离婚、丧偶教职工的后顾之忧，积极做好婚姻介绍工作，并通过各种机会为她们牵线搭桥。

（5）组织好纪念"三八"妇女节的活动。

（6）协助行政贯彻有关女教职工劳动保护的政策、法律、法规，结合实际定期组织女教职工的身体检查。

（7）积极组织女教职工开展一些有女教职工特点的知识性、趣味性活动。

三、学校工会经费审查委员会职责

（1）对工会各项经费的收支和财产管理进行审查和监督。

（2）协助学校工会组织收好、管好、用好工会各项经费，管好工会财产。

（3）在年会上向工会委员会通报上年度工会经费的使用情况，并在下届工会会员代表大会上向全体代表做经费审查报告。

（4）宣传国家的财经政策和学校的财务管理制度，保证学校工会经费的合理使用。

第五节　地方高职院校工会与党委、
行政及教职工会员的关系

社会是一个有机体，是以人的社会生活方式为基础的各种社会关系同时存在又相互依赖所构成的整体，是一个具有内在结构的社会关系系统。工会作为社会关系的重要组成部分，从来都不是孤立存在的，而是同其他社会组织密切关联，在相互联系和影响中发挥作用。

地方高职院校工会与高校内部各组织机构，同样是相互关联、互相影响的关系。

地方高职院校工会与党委、行政及教职工会员的关系是高校内部关系的重要组成部分，正确处理好它们之间的关系，是工会开展工作和充分发挥作用的前提条件。

一、工会与党委的关系

在我国的社会政治生活中，工会和党始终保持着密切关系。从中国工人运动的发展历程看，无论是在民主革命时期，在社会主义革命和建设时期，还是在改革开放的新时期，中国工会都自始至终、坚定不移地接受共产党的领导，并在党的领导下，始终保持正确的政治方向。

高校实行的是党委领导下的校长负责制，党委统一领导学校的工作，工会作为群众组织，自觉接受党的领导。高校党委与工会是领导与被领导的关系。在实践中，党委对工会的领导既是建立在相互信任的基础上，以尊重知识分子作为工人阶级一部分、尊重工人阶级的历史地位和作用为前提的，也是通过党委在广大教职工中的威望来赢得的。党委对工会的领导，主要是政治路线、政治方向、政治原则和重大决策的领导，是通过工会组织加强与广大教职工的密切联系，以及支持工会更好地代表和维护教职工群众当家作主的权利来实现的，而不是包揽工会的日常工作和具体事务。党委对工会的领导，还体现为通过工会的党组织和党员干部发挥思想政治的领导。党委对工会的领导，同时也要求工会组织在开展工作的过程中，凡是涉及政治方向、政治原则等的重大问题，都必须事先向党委请示汇报，主动争取党委的领导和支持，以确保工会工作始终保持正确的政治方向。

需要指出的是，一方面，坚持党对工会的领导，自觉将工会工作置于党的领导之下，这是根本的政治原则；另一方面，工会又要依照《中华人民共和国工会法》《中华人民共和国劳动合同法》，以及同工会及工会会员相关的法律法规、政策和工会章程独立自主地开展工作，这也是工会组织开展活动必须遵循的基本准则。地方高职院校工会组织依照国家制定的相关法律法规，相对于其他组织和部门，有其相对独立性；工会作为群众组织，活动方式和工作规律也有其特殊性。正确把握坚持党的领导和工会独立自主地开展工作的辩证关系，对于保证工会工作正确的政治方向，充分发挥工会组织的作用，具有非常重要和深远的意义。

二、工会与行政的关系

从大处着眼，工会和政府都是国家政权体系中的重要组成部分。列宁认为，在社会主义条件下，工会是国家政权最亲密的和不可缺少的合作者。这一论述揭示了社会主义条件下工会与政府相互关系的本质特征，表明工会与政府在国家政权体系和社会生活事务中有着紧密的联系。同样，地方高职院校工会与行政之间是合作、支持和协商共事的关系，同时工会还在行政事务中参与民主管理、民主监督，发挥其各项社会职能作用。工会与行政在组织上，并不存在隶属关系。

（一）工会和行政的区别

第一，组织性质不同。高校行政是学校权力的执行者，它按照有关法律法规行使拟订学校发展规划、制定具体规章制度和年度工作计划，组织教学活动、科学研究和思想品德教育，拟订内部组织机构的设置方案，聘任与解聘教师及内部其他工作人员等职权。行政职权的行使与整个学校的建设、发展，与广大教职工的日常工作、生活紧紧相连、息息相关。而工会作为学校内部的群众组织，虽然参与行政相关政策的制定和民主管理，但工会组织不是直接从事日常行政管理事务的组织，并不具有行政惩戒权。同时，由于工会组织的成员中，既有先进的，又有中间的、落后的教职工群众，工会组织的影响力有限，不像行政那样能够覆盖全体成员、影响全校。

第二，职能不同。由于工会与行政的性质不同，两者的职能也有不同。行政拥有管理职能，而工会只有《中华人民共和国工会法》所规定的四项职能，即维护、建设、参与、教育的社会职能。

第三，工作方式不同。学校教学、科研、服务社会各项活动的推动力主要依靠强大的行政权力，行政决策是其管理的主要内容。校长办公会议决定的事、学校出台的政策具有权威性、强制性和普遍约束力，任何组织和个人不得违反。因而，行政的工作主要采取自上而下的行政命令方式。而工会组织不具有行政权力，特别是由于工会自身固有的性质和特点，决定其工作方式只能是民主性的、开放性的、参与性的，并且要求工会的工作内容、提出的意见建议，必须来自广大教职工的意愿，贴近广大教职工的需求。由此可见，工会的工作主要采取自下而上的民主方式。

第四，两者利益的一致性和差异性。学校的根本任务是培养具有创新精神和实践能力的高级专门人才，发展科学技术文化，促进社会主义现代化建设。完成这一根本任务，对工会和行政来说，利益是一致的，但在实现这一根本利益的过程中，由于工会与行政的着眼点、侧重点不同，二者又存在差异。行政的着眼点、侧重点在于学校整体建设和发展，而工会的着眼点、侧重点在于服务特定教职工群众的利益，特别是在教职工履行聘任合同、工会参与协调人事（劳动）关系当中，更多地代表和维护教职工的合法权益、眼前利益，在民主管理、校务公开、反腐倡廉等方面，工会代表广大教职工对行政行为起监督作用。

（二）工会与行政相互支持、密切合作、协商共事

在国家事务中，工会是国家政权的重要社会支柱，与政府之间始终保持着一种相互支持、密切合作和协商共事的关系。同样，地方高职院校的工会与行政也是一种相互支持、密切合作和协商共事的关系。主要表现在两个方面：

一是地方高职院校工会积极动员和组织广大教职工落实行政的各项政策措施和目标任务。工会是学校方方面面工作的有力支持者和良好氛围的营造者，也会为行政工作奠定群众基础。

二是地方高职院校工会通过行政的支持，更好地代表和维护教职工的合法权益。行政通过政策、物质、财力等支持，使工会更好地履行职责，发挥群众组织的优势，为学校的建设与发展添砖加瓦。

三、工会与教职工群众的关系

工会作为教职工群众的组织，作为教职工群众利益的代表者和维护者，必须密切联系教职工群众，真心实意地为他们说话办事，这是增强工会凝聚力、吸引力和战斗力，保持生机和活力的核心问题。

密切联系教职工群众是工会工作的生命线，是工会贯彻党的群众路线和做好全部工作的出发点。在新的历史条件下，地方高职院校工会同样要警惕脱离群众的现象，要克服官僚主义、"行政化"的陋习，要关注高校人事制

度改革给广大教职工带来的新压力、新问题，要不断扩大工会组织的覆盖面和工会工作的影响力，把教职工群众组织起来，夯实基础，依靠广大工会积极分子和会员，围绕党政中心工作，建功立业。同时，要努力把工会组织建成教职工群众信赖的"教工之家"，把工会干部锤炼成教职工群众信赖的"娘家人"。

第六节　地方高职院校工会工作的实践体会

地方高职院校工会作为教职工利益的代表者、党与教职工群众联系的桥梁，需要推进其工作的改革创新，针对工会发展中的问题，从工会组织、法律、队伍建设等方面提出对策，从而推动地方高职院校工会的改革，助力教职工在更好的环境中激发活力，投身于高校及国家建设。

一、优化工会组织建设

完善高校的工会组织建设是工会实现职能的重要保障。地方高职院校工会作为代表教职工的专属工作部门，以教职工代表大会为依托，不断创新工作途径，组织教职工对学校及国家政策规定的起草、修改及颁布进行民主参与、民主监督等工作，推进教职提案工作，保障落实关乎教职工切身利益的提案，监督高校校务公开，保障教职工参与民主管理的权利。但工会需要具有完善的组织制度，才能保障工会切实担负起组织教职工的职责，以及发挥维护、建设、参与、教育职能。

（一）处理好工会与党委及行政组织的关系

党委在高校中处于政治核心地位，担负着落实国家各项方针政策、监督学校坚持社会主义办学方向、团结带领广大教职工完成培养社会主义事业建设者的任务。地方高职院校工会要自觉接受党委的领导，但同时地方高职院校工会代表教职工权益、代表教职工发声，本身应具有自己的独立性和权威性。因此处理好党委领导及保持自身的独立性的关系是加强工会管理需要解决的重要问题。

工会要在思想及行为上自觉接受党委领导，承担政治责任，组织广大教职工将智慧与能力充分发挥到社会主义建设中，更加积极而富有创造性地工作，按照宪法和工会章程等法律法规行使职能，将自主开展活动与党的领导相结合，将教职工的诉求愿望与党的规定相结合，将教职工的具体权益维护与党和国家的根本利益相结合。工会在充分发挥自身职能时，要保持自己的立场，引领教职工投身于国家、社会建设，实现"党建带动工建"，在坚定党的领导的同时保持自身的独特发展。

高校行政组织在地方高职院校工会管理中发挥着重要作用。地方高职院校工会引导教职工参与学校的民主管理、监督，推进高校持续健康发展，高校行政组织支持地方高职院校工会工作，为工会工作提供便利，二者间是一种平等协作、相互监督、相互促进的关系。

国家已经在各项法律和规章制度中明确规定了工会有对高校行政组织进行监督的权利，有参与高校民主决策、民主管理的权利。地方高职院校工会与行政组织间是一种平等互利的关系，而非从属关系，因此地方高职院校工会在行使职能时，高校的行政组织不能支配、安排、指挥工会工作，而应支持工会工作，就问题进行平等协商。

高校要保持自身独立性，按照《中国工会章程》《中华人民共和国工会法》《学校教职工代表大会规定》等法律法规独立自主开展工作，避免高校行政机关对工会工作的干扰，确保能真正地推进工会的参与、建设、教育、维护的基本职能，有效配置工会资源，推动工会创新发展，激发工会干部的活跃性，使地方高职院校工会在进行民主管理、民主监督，维护教职工权益时更有权威性和自信心，使其能够切实站在教职工的立场上维护广大教职工的权益。

（二）构建完善的工会监督机构

工会职能落实不足的一部分原因是工会监督体系的不完善。工会需要建设专门的监督部门，选拔专项人才，监督工会职能落实情况。应将工会在参与、建设、教育、维护职能中的具体发挥记录在案，跟踪其落实情况，推进会务公开，让教职工明确知道工会的运行状态，督促工会的工作。

（三）完善教代会管理建设

第一，合理安排教代会中不同职位教职工的人数与比重。要想使教代会真正代表职工权益、为教职工发声，就要确保教职工在教代会中占据合适的席位。许多工会干部本身具有行政职位，在出席教代会时，受行政职务的影响，或会偏离教职工的立场，忽视其需求，在一定程度上影响教代会提案的预期效果。在推举教代会代表时，应合理地把控不同职务的教职工所拥有的代表席位，把控好男、女代表的比例，保证教代会成员能够真正代表全校教职工的意志，真正表达教职工的诉求，为教职工谋福利、解决问题。

第二，扩大执行委员会规模，建设专职委员会。地方高职院校工会要有意识地扩大执行委员会的规模，增加专职人员，保证教代会闭会期间职责的发挥。要建立机构完善的专项委员会，建设诸如劳动合同监督、教职工维权、女职工权益保障等专项部门，招聘、培训专业人才来分门别类、快捷高效地处理教职工问题，并配合执行委员会共同落实工会的维护、参与、建设、教育职能。

第三，加强工会的二级教代会建设。要增加地方高职院校工会对二级教代会的建设意识，提升二级教代会工作人员的数量和能力。二级教代会要立足于自己的实际情况，把握优势，深入教职工的生活、工作，了解每一位教职工真正的想法与意见，调动广大教职工积极性和主动性，引导每一位教职工在岗位上贡献力量，积极参与民主管理和民主监督，从而真正发挥二级教代会的价值，解决教职工的生活、工作难题，履行工会的职能。

二、推进工会法治建设

法律法规的不完善是阻碍地方高职院校工会开展工作的重要因素。现今国家对工会立法是针对整个工会整体的，缺少对地方高职院校工会这一个体设定的具体而详细的法律法规。

虽然地方高职院校工会作为工会的一部分，工会的法律也适用，但缺乏更为细致、更为全面的法律规章体系，这在一定程度上局限了地方高职院校工会的职能发挥。

（一）完善工会运行中的法律法规体系

地方高职院校工会实现工作多以《中华人民共和国工会法》《中国工会章程》《中华人民共和国劳动法》《中华人民共和国劳动合同法》等法律法规为依据，缺少针对高校工作的进一步细化、配套的法律法规，这容易导致工会职能的缺位。相关立法部门需要重视工会的现实需要，完善与目前工会工作相关法相配套的法律法规，加强地方高职院校工会法治化建设。要从法律层面补充工会在工作过程中的具体规范。现在工会所有的法律以大方向的指导和问题出现后的惩治为主，是从根源上给予工会权利。但在工会实际运行中，不论是工会中的职责划分还是工会开展具体事项的方式都没有相应的法律规定，一切都属于工会的自发行为。在缺乏法律指引的情况下，工会可能会故步自封，依循惯例进行工作，缺乏创新性和活力，也容易因个人感性因素影响工会实际的工作结果。

（二）完善工会自身规章制度建设

工会自身建设也要走向制度化、法治化，多数工会依照国家法律组建、行使职权，忽视了自身的制度化建设，在划分部门职责时往往也缺乏明确的书面规定。

工会在进行具体工作时，也并未出台相应的规章制度来保障工会职权的顺利行使，导致职责压在各个部门内部，容易出现权责不清、互相推诿的现象。因此工会要主动推进自己的法治化进程，根据工会的实际情况，总结过往的经验教训，尽快完善、出台工会具体的工作章程，将实践中的经验转化为书面上的规定，为工会客观、公正、明确地解决教职工问题，以及维护教职工权益提供规范化、制度化的支持。同时，要提升教职工的法治意识。工会的法律法规本身就是为保障教职工的权益而存在的，教职工本身要有这种法治意识，坚守自己的主人翁意识，为自己发声，面对侵权行为拿起法律武器保护自己，面对学校规章制度中不合理的决策，按照规章制度表达自己的意见，做高校改革建设的推动者和监督者。

完善的法律法规制度，能以明确的条文规定支撑工会工作的发挥，有效避免主观因素影响工会工作运行的状况，有利于提高工会的权威性和独立性。要避免工会成为高校的传声筒，让教职工真正参与地方高职院校民主管理的进程，也要让教职工贡献更多的智慧与能力推动高校的发展。

三、提高工会队伍建设

"工欲善其事，必先利其器"，落实工会基本职能必须以提高工会干部整体素质、加强工会干部队伍建设为基础。改革工会干部的选拔任命制度，吸纳专职工作人员，深化思想政治教育，培养出一支"有文化、有纪律、有道德、有理想"的工会工作队伍，是现代化工会创新发展的保障。

（一）提高工会干部选拔要求

第一，工会干部的选举应当将主动权交到教职工手中。建设完备的工会干部选拔机制，让教职工充分参与此过程及增加教职工对工会的认同感是加强工会队伍建设的前提。工会干部以往是党委提名，教职工选举，但这个选举过程往往被忽视，多数情况下为党委提名谁，工会就任命谁。工会需要将教职工提意见作为考察工会干部的必经程序，将评价和推荐工会干部的权利交给教职工，保证工会干部是为教职工做实事的备受教职工支持与信赖的工作者，推动工会职能落地。

第二，增加专职工会干部人选。工会干部的兼任阻碍了工会职能的全面发挥。工会要根据自己的现实需求，打破过往的人员组织结构，招聘有能力、有热情、有愿景的专职工会干部，保证工会有足够真正了解工会工作且站在教职工立场上考虑问题的工会干部，弱化行政机构及其他组织对工会职能的影响。同时，要对此类工作人员建设独立的激励机制和相关福利奖励，激发其工作热情，保证其坚定立场不受外力的影响，促使其深入基层，倾听教职工的声音，解决教职工的难题，使工会保有自己独立的话语权。

（二）加强工会工作人员专项技能培训

培育一支高素质、高能力的工会工作人员队伍是工会组织建设的重点。首先，工会要坚持以人为本的原则，按需施教，将政治理论、政策法规、工会理论及工作内容方法等纳入工会培训内容，促使工作人员快速融入职责岗位。其次，要立足于实践针对工会现有问题加强工会工作人员专项技能培训，增加与其他地方高职院校工会的交流沟通，取长补短，借鉴其他工会干部培训的有益经验，保证培训效果，使其具有发挥岗位职责的能力。最后，工会要重视培训内容的更新与充实，要与时俱进，不断丰富培训内容，推进学习型、服务型、创新型工会队伍的建设。另外，工会工作人员要充分认识工会在高校中的地位和作用，除参加工会组织的培训课程外，要主动丰富自己的知识储备，了解工会的职能与作用，掌握与教职工密切相连的法律法规，熟悉学校校务，关注教职工的工作及生活现状，保证能够及时回应教职工的利益诉求，带领教职工参与学校及国家的民主管理与监督，充分表现出一个工会干部应有的工作能力和责任。

（三）深化工会干部思想政治建设

目前工会干部在政治思想深度、服务意识、工作作风乃至责任意识上都略有不足，因此导致了工会职能发挥的不足。工会队伍建设要将作风建设摆在重要地位。党多次强调要坚持和发展党的先进性与纯洁性，紧抓党风党政建设，地方高职院校工会也应如此，重点解决工作作风问题，建设"面对面、心贴心、实打实服务职工在基层"的工会机制。形式主义、官僚主义、享乐主义、奢靡之风是损害党群关系、干群关系的根源。首先要反对形式主义，消除工会走形式而不实际工作的现象。不论是工会主席选举还是工会提案表决，不论是工会经费审核还是教职工节日福利发放，这些都不是形式，也不能将其形式化，要引导干部看到工会制度及工作背后的意义，让其敢于担当，敢于作为，深入基层教职工的生活、工作，为其解决实际问题。其次要反对官僚主义，推进工会干部成为教职工利益的维护者。工会干部是教职工的服务者而不是领导者，其存在是为了维护教职工权益，引导教职工合理有效地参与学校民主管理、民主监督。要增加工会干部的责任意识与服务意识，通过优秀干部表彰、标兵表彰等激励措施及寓教于乐的活动式教育引导工会干部对教职工负责，认真为教职工服务，密切联系教职工，加深与教职工间的交流，提升整体工作风貌，杜绝消极怠工、官僚作风。再次要反对享乐主义，杜绝特权现象。工会干部要坚持克己奉公、勤政廉政，以饱满的热情迎接工作，以最真诚的态度面对教职工，防止干部安于现状、推诿责任、不做实事，保证教职工投诉有门、问题可解。最后要反对奢靡之风，配合财政审计部门，杜绝经费浪费。工会要加强勤俭节约的思想建设，消除工会干部的享乐思想，在此思想的引导及财政审计部门的监督制约下，保证工会经费精打细算，不浪费一分一毫，将经费精准地投入进工会项目中，推动工会职能更好地落实。

第二章 地方高职院校"双代会"

第一节 地方高职院校教代会的由来和组织规则

一、地方高职院校教代会制度的由来

高校教代会制度是 30 多年来推进高校民主管理的主要形式和载体。

高校教代会制度源于企业的职代会制度，伴随着高校民主政治建设的不断深入而不断完善，大致经历了三个发展阶段。

（一）从试点走向制度（1979 年 1 月—1985 年 1 月）

1978 年 10 月，教育部颁发"高教六十条"，提出要"在党委领导下定期举行师生员工代表大会"。这为高校教代会、职代会、学代会的召开奠定了基础，同时也明确了师生员工是教职工代表大会的主体。

1979 年至 1980 年，全国各省市 170 多所大、中、小学尝试建立了教代会制度。

1981 年 6 月《国营工业企业职工代表大会暂行条例》颁布，其中第十八条规定："教育、文化等事业单位也要依靠群众，实行民主管理，可以参照这个条例精神，结合各自的实际情况，制定各自的职工代表大会暂行条例。"从此，企业职代会制度向学校延伸。由此可见，事业单位教代会制度源于国营工业企业的职代会制度。

1983 年 7 月，全国 66 所高校召开了教代会，参会高校占全国高校的 9.2 %。之后，教育部和全国教育工会先后召开"高校教职工代表大会工作座谈会"，总结试点经验。1985 年 1 月，教育部、原中国教育工会颁发《高等学校教职工代表大会暂行条例》（以下简称《暂行条例》），共 6 章 20 条，对高校教代会的性质、职权、代表、组织制度、工作机构等做了明确规定。

这标志着教代会制度在高校正式确立。

（二）从制度走向法治（1985年1月—1998年8月）

1988年7月，全国已有60％的高校建立了教代会制度。随后，各省市先后颁发各自的教职工代表大会暂行条例，并开展考核、检查和评审工作，有力推动了教代会制度的规范化、制度化建设。

1993年10月，《中华人民共和国教师法》通过。1995年3月，《中华人民共和国教育法》通过。1998年8月，《中华人民共和国高等教育法》通过。其中明确规定："高等学校通过以教师为主体的教职工代表大会等组织形式，依法保障教职工参与民主管理和监督，维护教职工合法权利。"有了上述法律法规的保障，高校教代会制度逐步规范化、法治化。

（三）在法治的保障下，不断发展延伸（1998年9月至今）

随着高校招生规模的扩大和人事制度改革的深入，教代会制度不断规范和完善，并向高校内设的二级学院延伸。其主要做法、所取得的成效体现在以下几个方面：

一是普遍建立了教代会年会制。每年由校长代表学校行政向教代会做工作报告，听取广大教职工代表的意见、建议。

二是开展经常性的提案工作。提案是教职工参与民主管理的重要形式，是学校工作决策民主化、科学化的重要渠道，也是落实教代会职权的重要形式。

三是建立了院（系）二级教代会制度，民主管理向二级学院延伸。

四是以教代会为载体，普遍建立校、院两级校（院）务公开制度。高校民主管理的内容和形式不断丰富。

与此同时，国务院法制局着手就有关教代会制度建设议题征求意见，开展调查研究，为正式出台《学校教职工代表大会规定》做准备。

2012年1月1日，以教育部32号令的形式，《学校教职工代表大会规定》正式施行，终于结束了长达27年的高校教代会条例"暂行"的历史。

职代会、教代会的制度化、法律化过程，充分反映了我国社会主义民主管理的发展过程。民主管理是社会主义制度的必然产物，是社会主义建设的客观要求和必然趋势，是依法治国方略在学校的重要实践。

二、地方高职院校教代会制度的法律法规依据

（一）四个法律

《中华人民共和国教师法》《中华人民共和国教育法》《中华人民共和国高等教育法》《中华人民共和国工会法》。

（二）一个条例、两个规定

2010 年 8 月，《中国共产党普通高等学校基层组织工作条例》（2021年修订）；2012 年 1 月，教育部 32 号令《学校教职工代表大会规定》；2012 年 2 月，中央纪委、中央组织部、国务院国资委、监察部、中华全国总工会、全国工商联 6 个部门颁发的《企业民主管理规定》。

三、地方高职院校教代会的职权

（一）教职工代表大会的职权

根据 2012 年 1 月正式施行的《学校教职工代表大会规定》，教职工代表大会的职权如下：

（1）听取学校章程草案的制定和修订情况报告，提出修改意见和建议。

（2）听取学校发展规划、教职工队伍建设、教育教学改革、校园建设及其他重大改革和重大问题解决方案的报告，提出意见和建议。

（3）听取学校年度工作、财务工作、工会工作报告及其他专项工作报告，提出意见和建议。

（4）讨论通过学校提出的与教职工利益直接相关的福利、校内分配实施方案，以及相应的教职工聘任、考核、奖惩办法。

（5）审议学校上一届（次）教职工代表大会提案的办理情况报告。

（6）按照有关工作规定和安排评议学校领导干部。

（7）通过多种方式对学校工作提出意见和建议，监督学校章程、规章制度和决策的落实，提出整改意见和建议。

（8）讨论法律法规规章制度及学校与学校工会商定的其他事项。

（二）2012年《学校教职工代表大会规定》与1985年《暂行条例》的对比解读

1985年1月，教育部和原中国教育工会联合颁发了《暂行条例》。27年来，教代会制度从无到有，从试点到推广，从不规范到逐步完善，高校普遍建立了以教职工代表大会为基本形式的民主管理制度，取得了明显的成效。在此基础上，2012年1月1日，《学校教职工代表大会规定》开始施行。制定《学校教职工代表大会规定》，是施行教育法律法规，贯彻落实教育规划纲要，完善学校内部管理体制，加强现代学校制度建设，全面推进学校民主管理进程的必然要求和重要举措。

以教代会为基本形式的学校民主管理制度是教育系统基层民主政治的具体实现形式之一，是学校管理体制的重要组成部分。教育规划纲要提出，要建设"依法办学、自主管理、民主监督、社会参与"的现代学校制度。我国的普通高校实行党委领导下的校长负责制（中小学校普遍实行校长负责制，民办学校一般实行董事会领导下的校长负责制），建立现代学校制度，完善中国特色社会主义现代学校法人治理结构，必须体现党的领导，依法规范学校政治权力、行政管理权力、民主管理权力和学术权力之间的关系，实现各种权力的相互支持、合理配置和相互协调。

认真学习、全面贯彻《学校教职工代表大会规定》是今后一个时期学校各级党组织、工会和教育行政部门的一项重要工作。为了正确把握、深刻理解《学校教职工代表大会规定》的内容，现将其与1985年的《暂行条例》进行对比解读。

1. 《学校教职工代表大会规定》的内容更为系统全面

《暂行条例》共六章20条，1958字，其中总则4条、职权3条、教职工代表4条、组织制度6条、工作机构1条、附则2条。

《学校教职工代表大会规定》共六章 30 条，3067 字，其中总则 6 条、职权 2 条、教职工代表大会代表 6 条、组织规则 10 条、工作机构 3 条、附则 3 条。教职工代表大会的地位、指导思想、领导体制、组织原则、职权、代表的产生及其权利义务、组织规则、工作机构等在其中做出了较为全面系统的规定。

2. 《学校教职工代表大会规定》的法律效力更高

《暂行条例》是"暂行"，是教育部与原中国教育工会联合颁发的文件。作为群众组织的原中国教育工会参与颁发，只能属于行业规定，不具法律效力。

《学校教职工代表大会规定》不再是"暂行"，而是正式规定，由教育部颁发，属于国务院部门规章。因此，其在刚性、规范性方面更强，也更具可操作性。

3. 《学校教职工代表大会规定》的适用范围更广

《暂行条例》主要针对全日制普通高等学校。其基本精神适用于其他各种形式的高等学校和中等专业学校。

《学校教职工代表大会规定》则适用于中国境内公办的幼儿园和各级各类学校。民办学校、中外合作办学机构参照《学校教职工代表大会规定》执行。显然，《学校教职工代表大会规定》适用范围更广。

4. 《学校教职工代表大会规定》的组织方式更为灵活

《学校教职工代表大会规定》指出："学校根据实际情况，可在其内部单位建立教职工代表大会制度或者教职工大会制度，在该范围内行使相应的职权。"

该制度主要有四种方式：①教代会。80 人及以上实行教代会制度。②教职工大会。80 人以下实行教职工大会制度。③二级教代会。规模较大的学校在其下属单位，如院、系建立二级教代会。④区域性行业性教代会。针对规模较小的学校，一些地区可设立区域性、行业性教代会制度，行使相应的职权。

5. 《学校教职工代表大会规定》的颁布实施使教代会地位更为巩固

《暂行条例》第二条对教代会的定性表述是，教职工代表大会"是教职工群众行使民主权利，民主管理学校的重要形式"。而《学校教职工代表大会规定》第三条对教代会的定性表述是："学校教职工代表大会是教职工依法参与学校民主管理和监督的基本形式。"这首次确立了教代会在学校民主管理体系中其他形式不可替代的"基本形式"的地位。

除此之外，教代会作为学校管理制度的重要组成部分，经受了30多年学校民主管理实践的检验，具有法定的形式、广泛的代表性和适用性、职权的多样性和开放性、完整的组织制度和工作制度等诸多特点。《学校教职工代表大会规定》的颁布实施使教代会地位更为巩固。

6. 《学校教职工代表大会规定》中教代会代表的权利、义务更加明确

凡与学校签订聘任、聘用合同、具有聘任、聘用关系的教职工，均可当选为教职工代表大会代表。

教职工代表大会代表以学院、系（所）等为单位，由教职工直接选举产生。教职工代表大会代表可以按照选举单位组成代表团（组），并推选出团（组）长。

教职工代表大会代表以教师为主体，教师代表不得低于代表总数的60％，并应当根据学校实际，保证一定比例的青年教师和女教师代表。民族地区的学校和民族学校，少数民族代表应当占有一定比例。

教职工代表大会代表接受选举单位教职工的监督。教职工代表大会代表实行任期制，任期3年或5年，可以连选连任。选举、更换和撤换教职工代表大会代表的程序，由学校根据相关规定，并结合本校实际予以明确规定。

教职工代表大会代表享有的5项权利：一是选举权、被选举权和表决权；二是发表意见权；三是提案及询问监督权；四是代表权；五是申诉控告权。

教职工代表大会代表应当履行的5项义务：一是学习执行法律法规和政策的义务；二是参加教代会活动的义务；三是联系群众反映意见要求的义务；四是接受评议监督的义务；五是做好本职工作的义务。

7. 《学校教职工代表大会规定》进一步规范了教代会职权，同时使教代会职权更加突出和广泛

教代会制度源自多年来企业职代会的实践经验总结。企业民主管理在不

同的社会历史条件下，始终是党委、行政管理者积极探索的一个重大课题。以教代会为基本形式的学校民主管理，其核心就是如何界定和正确行使教代会的职权。

《学校教职工代表大会规定》的制定以法律法规为依据，吸纳了几十年来企业职代会和施行《暂行条例》的成功经验，同时结合了学校在新的历史阶段的实际。

《中国共产党普通高等学校基层组织工作条例》第八章第三十二条规定："高校党委领导教职工代表大会，支持教职工代表大会正确行使职权，在参与学校民主管理和民主监督、维护教职工合法权益等方面发挥积极作用。"

中共中央办公厅、国务院办公厅下发的、原则上适用于事业单位的《中共中央办公厅国务院办公厅关于在国有企业、集体企业及其控股企业深入实行厂务公开制度的通知》规定："厂务公开的主要载体是职工代表大会。要按照有关规定，认真落实职代会的各项职权""不断充实和丰富职代会的内容，提高职代会的质量和实效，落实好职工群众的知情权、审议权、通过权、决定权和评议监督权"。

《中华人民共和国工会法》第十九条规定："法律、法规规定应当提交职工大会或者职工代表大会审议、通过、决定的事项，企业、事业单位应当依法办理。"

2012 年 2 月颁发的《企业民主管理规定》规定的职代会职权有：一是审议建议权，包括听取企业主要负责人关于企业发展规划、年度生产经营管理情况，企业改革和制定重要规章制度情况，企业安全生产情况，企业缴纳社会保险费和住房公积金情况等报告，审议企业直接涉及劳动者切身利益的规章制度或者重大事项方案，提出意见和建议。二是审议通过权，包括审议通过集体合同草案，按照国家有关规定提取的职工福利基金使用方案、住房公积金和社会保险费缴纳比例和时间的调整方案，劳动模范的推荐人选等重大事项。三是推荐选举权，包括选举或者罢免职工董事、职工监事，选举职工代表，根据授权推荐或者选举企业经营管理人员。四是评议监督权，包括审查监督企业执行劳动法律法规和劳动规章制度情况,民主评议企业领导人员,并提出奖惩建议。

在上述法律法规基础上,《学校教职工代表大会规定》根据当前学校民主管理面临的新情况、新问题,从不同的方面和角度,规定了教代会的八项职权,可以归纳为三个方面:

一是讨论建议权,包括:听取学校章程草案的制定和修订情况报告,提出修改意见和建议;听取学校发展规划、教职工队伍建设、教育教学改革、校园建设及其他重大改革和重大问题解决方案的报告,提出意见和建议;听取学校年度工作、财务工作、工会工作报告及其他专项工作报告,提出意见和建议;审议学校上一届(次)教职工代表大会提案的办理情况报告。

从内容看,讨论建议权主要包括听取校长工作报告,讨论审议学校发展、建设、改革等重大问题及提案办理情况。履行好讨论建议权,可以使学校党政的决策更加符合本校实际,更加民主化和科学化,更加具有群众基础。

二是讨论通过权,即讨论通过学校提出的与教职工利益直接相关的福利、校内分配实施方案,以及相应的教职工聘任、考核、奖惩办法。

从内容看,讨论通过权涉及学校内与教职工切身利益密切相关的一切事项,这些都要经教代会讨论通过。

讨论通过权的实施能有效保证《中华人民共和国教师法》第十七条规定的"教师的聘任应当遵循双方地位平等的原则",以及《中华人民共和国劳动法》第十七条所规定的劳动关系的确立"应当遵循平等自愿、协商一致的原则",体现了教代会与行政领导相互支持、平等沟通、协商一致的"共决"原则。

如果教代会通不过,行政方需要进一步与教职工进行沟通、协调,对方案加以改进、完善,使之更具科学性和民主性,更加准确地反映教职工的意愿,有效避免损害教职工合法权益和妨碍学校健康发展的"恶规"出现。

三是评议监督权,包括:按照有关工作规定和安排评议学校领导干部;通过多种方式对学校工作提出意见和建议,监督学校章程、规章制度和决策的落实，提出整改意见和建议；讨论法律法规规章规定的及学校与学校工会商定的其他事项。

评议监督权是指在学校党组织领导下，按照干部管理权限评议学校各级领导干部，监督学校执行法律法规的情况。这是在新形势下加强对干部的监督、密切党群干群关系，加强学校干部队伍建设，提高干部队伍素质的一项有力保证。

对照职代会的四项职权（审议建议权、审议通过权、推荐选举权和评议监督权），以及《暂行条例》规定的教代会四项职权（讨论建议权、讨论通过权、讨论决定权、评议监督权），可以理解为将审议决定权、推荐选举权分别合并为《学校教职工代表大会规定》中的讨论通过权和评议监督权。

由此可以看出，《学校教职工代表大会规定》中规定的教代会三项职权，内容更丰富、明确，表述更精确、规范，适用范围更广。三项职权中，讨论建议权是基础，讨论通过权是核心，评议监督权是关键。

8. 《学校教职工代表大会规定》中工会职责更为重要

《暂行条例》规定，"学校工会委员会承担教代会工作机构的任务"。既然是承担的任务，就可以理解成这是工会委员会额外的事；既然是承担的任务，就可以解读成其他部门也可承担。而《学校教职工代表大会规定》明确"学校工会为教职工代表大会的工作机构"。这就规定了工会是教职工代表大会的工作机构，做好"工作机构"的工作是工会的职责，其他部门不可替代。

9. 学校自主权更为扩大

《学校教职工代表大会规定》赋予学校在教职工代表大会建设和发展方面的自主权，学校根据授权，可以结合本校的实际情况自主决定一些相关事项。例如：教职工代表大会代表占全体教职工的比例可由地方省级教育行政部门或教科文卫体工会确定，地方省级教育行政部门或教科文卫体工会没有规定的，由学校自主确定。选举、更换和撤换教职工代表大会代表的程序，由学校根据相关规定，并结合本校实际予以明确规定。学校根据实际情况，可在其内部单位建立教职工代表大会制度或者教职工大会制度，在该范围内行使相应的职权。教职工代表大会根据需要可以邀请离退休教职工等非教职工代表大会代表，作为特邀或列席代表参加会议。教职工代表大会可根据实际情况和需要设立若干专门委员会（或工作小组），完成教职工代表大会交办的有关任务。教职工代表大会根据实际情况和需要，可以在教职工代表大会代表中选举产生执行委员会。

（三）高校二级教代会

为了适应社会主义市场经济和现代化建设的需要，高校从 20 世纪 90 年代末的规模扩张转向近些年来的内涵提升，提出要探索、建立现代大学制度。如今万人大学比比皆是，高校已普遍建立了二级学院制，在推进高校人事制度改革，管理重心下移的大背景下，校级民主管理向院级延伸，建立二级教代会制度，已成为当前一项必需而又紧迫的工作。做好这项工作，对于加强和完善高校民主政治建设而言，具有十分重要的意义。

《学校教职工代表大会规定》第四章第十五条规定："学校根据实际情况，可在其内部单位建立教职工代表大会制度或者教职工大会制度，在该范围内行使相应的职权。""教职工大会制度的性质、领导关系、组织制度、运行规则等，与教职工代表大会制度相同。"据此，高校二级教职工大会或教职工代表大会的实施办法可参照校级有关规定施行，但其实施细则可由各高校自行制定。

四、地方高职院校教代会的组织规则

根据《学校教职工代表大会规定》，教职工代表大会应遵循以下组织规则：

（1）有教职工 80 人以上的学校，应当建立教职工代表大会制度；不足 80 人的学校，建立由全体教职工直接参加的教职工大会制度。

（2）学校应当遵守教职工代表大会的组织规则，定期召开教职工代表大会，支持教职工代表大会的活动。

（3）教职工代表大会每学年或每年至少召开一次。遇有重大事项，经学校、学校工会或 1/3 以上教职工代表大会代表提议，可以临时召开教职工代表大会。

（4）教职工代表大会每 3 年或 5 年为一届。期满应当进行换届选举。

（5）教职工代表大会须有 2/3 以上教职工代表大会代表出席。教职工代表大会根据需要可以邀请离退休教职工等非教职工代表大会代表，作为特邀或列席代表参加会议。特邀或列席代表在教职工代表大会上不具有选举权、被选举权和表决权。

（6）教职工代表大会的议题，应当根据学校的中心工作、教职工的普遍要求，由学校工会提交学校研究确定，并提请教职工代表大会表决通过。

（7）教职工代表大会的选举和表决，须经教职工代表大会代表总数半数以上通过方为有效。

（8）教职工代表大会在教职工代表大会代表中推选人员，组成主席团主持会议。主席团应当由学校各方面人员组成，其中包括学校、学校工会主要领导，教师代表应占多数。

（9）教职工代表大会可根据实际情况和需要设立若干专门委员会（或工作小组），完成教职工代表大会交办的有关任务。专门委员会（或工作小组）对教职工代表大会负责。

（10）教职工代表大会根据实际情况和需要，可以在教职工代表大会代表中选举产生执行委员会。执行委员会中，教师代表应占多数。教职工代表大会闭会期间，遇有急需解决的重要问题，可由执行委员会联系有关专门委员会（或工作小组）与学校有关机构协商处理。其结果向下一次教职工代表大会报告。

第二节　地方高职院校教职工代表大会的性质、地位和作用

一、教职工代表大会的性质

教职工代表大会的性质问题是教职工代表大会的根本问题。正确认识教职工代表大会的性质，对于充分发挥教职工代表大会在学校民主管理工作中的作用具有重要意义。

2012年1月1日起施行的《学校教职工代表大会规定》第三条规定："学校教职工代表大会是教职工依法参与学校民主管理和监督的基本形式。学校应当建立和完善教职工代表大会制度。"这一规定不仅明确了学校应当建立健全教代会制度，同时也明确了教代会的性质。对照1985年1月颁布，现已废止的《暂行条例》中对教代会性质的表述，其重点和内涵包括以下几个方面：

第一，高校必须实行民主管理，但淡化了教代会作为教职工行使民主管理权力的机构的表述。这样的修改，避免陷入一直以来"教代会是不是权力机构"的学术之争，有助于在实践中正确行使教代会职权。《中华人民共和国高等教育法》第十一条规定："高等学校应当面向社会，依法自主办学，实行民主管理。"因此，教职工参与学校民主管理的权利是法律赋予的，也是由教职工作为学校办学主体的地位决定的。《学校教职工代表大会规定》第三条规定强调的就是教职工依法参与学校的民主管理。

第二，教代会是学校民主管理和监督的基本形式，但不是学校民主管理的唯一形式。学校民主管理的形式多种多样，如恳谈会、听证会、校务公开、问卷调查、提案征集等都是民主管理的有效形式，但不是基本形式，唯有教代会是基本形式。所谓"基本形式"，是指必须有的重要形式，是其他形式不能替代的。这是因为：一是教代会具有广泛的群众性和代表性，教代会代

表由选举产生，来自各个方面的不同群体；二是教代会有较健全的组织原则、组织体系、工作制度和程序，使得这一形式制度化和规范化；三是教代会具有一定的权威和约束力，在其职权范围内做出的决定、决议，学校有关方面应当落实和执行；四是教代会具有一定的法律地位，在国家颁布实施的一些法律法规，如《中华人民共和国教育法》《中华人民共和国教师法》《中华人民共和国高等教育法》《学校教职工代表大会规定》中都有明确规定。因此，教代会与学校其他民主管理形式相比，更具基础性、规范性和优越性，是学校民主管理和监督的基本形式。

第三，教代会是一项民主管理的制度。教代会制度的建立及各项职权的落实，涉及学校方方面面的工作，尤其是事关教职工切身利益的事项，要提交教代会审议通过。教代会制度的建立，对于推进学校民主办学，调动广大教职工积极性有十分重要的意义，所以教代会作为一项制度是学校管理体制的一部分。

上述三个方面的内涵，明确了教代会是教职工依法参与学校民主管理和监督的基本形式，是学校管理体制的组成部分，是学校推进民主管理的重要载体。

二、教代会在学校管理体制中的地位

教代会的性质决定了教代会在学校管理体制中的地位。首先，从它的法律地位看，《中华人民共和国教育法》《中华人民共和国教师法》《中华人民共和国高等教育法》《学校教职工代表大会规定》先后明确规定了"学校应当实行民主管理""教代会是教职工依法参与学校民主管理和监督的基本形式"。其次，从它与学校管理体制的关系看，教代会是学校管理体制不可缺少的重要组成部分，是学校的一项基本制度。最后，从它与学校党委、行政的关系看，教代会是在学校党委领导下开展工作和活动的，也是学校各级党组织密切联系教职工群众的桥梁和纽带。它与学校行政相互支持、配合、监督，协商共事，是推进学校民主管理的重要载体。实践证明，教代会在学校全面贯彻落实党的全心全意依靠工人阶级的根本指导方针，切实维护教职工的合法权益，充分调动广大教职工的工作积极性和创造性，组织动员广大教职工完成各项任务，促进学校教育改革和发展等方面都起着重要作用。教代会在学校管理中的地位是其他组织或形式不可替代的。

三、教代会在学校民主管理中的作用

教代会作为教职工依法参与学校民主管理和监督的基本形式，对于办好社会主义大学，推进教育改革和发展，建立现代大学制度，构建和谐校园等都具有重要作用，主要表现在以下几个方面：

（1）有利于贯彻全心全意依靠教职工办学的指导思想，落实教职工的主人翁地位，保护和调动他们的工作积极性和创造性。

（2）有利于贯彻党的教育方针，坚持社会主义办学方向，完成培养具有创新精神和实践能力的高级专门人才、发展科学技术文化、促进社会主义现代化建设的任务。

（3）有利于广泛听取教职工的意见、建议，集中教职工的智慧，促进领导者决策科学化、民主化，保证学校正确决策的贯彻执行。

（4）有利于探索、建立现代大学制度，完善学校民主监督机制，促进和加强干部队伍建设，改进工作作风，助推党风廉政建设。

（5）有利于加强教职工队伍建设，提高教职工教书育人能力、参政议政能力、维护自身合法权益的能力。

（6）有利于协调校内人事、劳动关系，凝心聚力，构建和谐校园，营造风清气正、齐心协力干事业的良好氛围。

第三节　地方高职院校教代会代表的基本条件、素质要求、权利和义务

学校建立教代会制度，推进民主管理，能否取得调动教职工积极性、创造性及促进学校依法治校的实效，很大程度上取决于教代会代表的素质高低

及教代会代表能否正确履行其权利、义务。按规定的民主程序选好代表，选举产生的代表具有较高的素质，并且能够正确履职，这是开好教代会的关键。

一、教代会代表的基本条件

根据《学校教职工代表大会规定》第九条，教职工代表大会代表的基本条件是："凡与学校签订聘任聘用合同、具有聘任聘用关系的教职工，均可当选为教职工代表大会代表。"也就是说，只要与学校签订了聘任聘用合同、具有聘任聘用关系，无论是否具有事业编制，无论是否加入工会，都有当选资格，都享有选举权、被选举权、参与民主管理等政治权利，任何人都不能剥夺。这一规定，突破了过去对"本校在编在岗入会的"教职工的当选资格限制，适应了高校多元用工、实行岗位聘任聘用制度的新形势，也反映了高校工人阶级队伍组成成分的新变化。

除此之外，教代会代表的产生要符合规定的民主程序，当选的代表要有广泛的群众性和代表性。实践中要把握好以下几点：一是出席参加选举代表会议的教职工必须达到本选举单位教职工总数的 2/3 上。二是教职工直接选举产生。所谓直接选举，即从酝酿代表候选人到正式投票选举产生代表的全过程，都要由教职工本人直接参加，不允许由领导人指定或他人代替。三是当选的代表须获得本选举单位教职工总数一半以上教职工的同意。

当然，在酝酿代表时，为了保证代表有较高的素质和民主参与能力，在任期内相对稳定，便于更好地参政议政，也可根据各自学校的实际情况，对当选代表的组成、不同群体的比例、素质等做一些具体要求。

二、教代会代表的素质要求

按照有关要求，教代会代表应当具备以下基本素质：

（1）坚持党的基本路线、拥护党的方针政策，遵守国家的法律法规，遵守学校规章制度，能正确处理国家、学校、集体和教职工的利益关系，有较强的大局意识和社会责任感。

（2）具备一定的法律法规知识与管理知识、精通教育教学业务知识，具有一定的民主管理能力，积极参加民主管理活动。

（3）遵守社会公德、职业道德、敬业爱生、为人师表。

（4）热心为教职工办事、敢于为教职工说话，作风正派、办事公道。

（5）密切联系教职工群众，如实反映教职工群众的意见和建议，能胜任并认真做好本职工作。

三、教代会代表的权利

《学校教职工代表大会规定》第十三条规定，教职工代表大会代表享有以下权利：①在教职工代表大会上享有选举权、被选举权和表决权；②在教职工代表大会上充分发表意见和建议；③提出提案并对提案办理情况进行询问和监督；④就学校工作向学校领导和学校有关机构反映教职工的意见和要求；⑤因履行职责受到压制、阻挠或者打击报复时，向有关部门提出申诉和控告。

由此可见，教代会代表在教代会上有选举权、被选举权、知情权和表决权，同时，为了履行好职责，还拥有提案权、阐述权、检查督促权、申诉控告权、批评建议权、询问权等民主管理权利。

四、教代会代表的义务

按照《学校教职工代表大会规定》第十四条，教职工代表大会代表应当履行以下义务：

（1）努力学习并认真执行党的路线方针政策、国家的法律法规、党和国家关于教育改革发展的方针政策，不断提高思想政治素质和参与民主管理的能力。

（2）积极参加教职工代表大会的活动，认真宣传、贯彻教职工代表大会决议，完成教职工代表大会交给的任务。

（3）办事公正，为人正派，密切联系教职工群众，如实反映群众的意见和要求。

（4）及时向本部门教职工通报参加教职工代表大会活动和履行职责的情况，接受评议监督。

（5）自觉遵守学校的规章制度和职业道德，提高业务水平，做好本职工作。

五、正确认识教代会代表的权利和义务

正确认识教代会代表的权利和义务要把握好两点：一是教代会代表的权利和义务具有严肃性。教代会代表的权利和义务是相关法律法规，特别是《学校教职工代表大会规定》所规定的，受国家法律保护。同时，教代会代表履行权利和义务，是教代会行使的民主管理和监督的权利，是教职工群众共同拥有的法定权利，而不是个人的随意行为。二是教代会代表的权利和义务具有相对性。没有无义务的权利，也没有无权利的义务。权利是履行义务的前提，义务是行使权利的基础。正确把握这两点，教代会代表才能尽义务、享权利，充分发挥教职工代表大会的民主管理作用。

第四节 地方高职院校发挥教代会作用应处理好几对关系

一、教代会与党委的关系

正确认识和处理好学校党委与教代会的关系，是建立健全教职工代表大会制度，充分发挥教职工代表大会作用的关键。《学校教职工代表大会规定》规定："教职工代表大会在中国共产党学校基层组织的领导下开展工作。"这就明确了学校党委与教代会是领导与被领导的关系。

（一）学校党委应重视并加强对教代会的领导

（1）认真贯彻党的"依靠"方针，加强对全心全意依靠教职工办学指导思想的宣传教育，使广大教职工正确认识教代会在学校建设、改革和发展

及民主政治建设中的作用。

（2）定期专题研究教代会工作，不断完善教代会制度，保障和支持教代会代表行使职权，广泛听取教职工的意见、建设，尊重教代会审议通过的决议。

（3）加强教职工的思想政治工作，教育、引导教职工代表和广大教职工增强执行党的路线、方针、政策的自觉性，增强主人翁责任感和民主参与意识，提高民主管理能力。

（4）教育教代会代表中的党员积极参加教代会的各项活动，模范地贯彻执行教代会的决议、决定，模范地履行教代会代表的权利、义务，充分发挥模范带头作用。

（5）从全局出发，协调教代会与学校行政及其他方面的关系，调动各方面积极性，一旦产生不同意见或分歧，党委要及时进行协调解决。

（6）支持和发挥校工会作为教代会工作机构的作用。要选配得力的工会干部，尤其是选配好工会主席，把工会领导班子建设好。学校党委要定期听取教职工代表大会工作汇报，对工会或教代会提交的重大议题，及时研究、批复，指导工会做好教代会工作机构的各项工作。

（二）教代会应自觉接受党委的领导

（1）教代会的各个组织机构要认真学习研究党对工人阶级及工会的有关方针政策，认真学习领会学校党委的指示和要求，并以此指导教代会的建设，提高教代会代表的政策水平和履职能力。

（2）筹备召开教代会的有关事项要及时主动向党委汇报，如教代会的筹备方案、大会议题、议程、主题报告、提案工作及决议等在正式提交大会审议之前都要报经党委审核，得到同意后方能实施。

（3）按照校党委的要求，积极组织教职工代表审议好大会报告，围绕学校中心工作，凝心聚力，群策群力，为完成学校阶段性目标和年度计划而努力奋斗。

（4）工会作为教代会的工作机构，要主动加强与学校党委的联系，经常向学校党委汇报教职工群众的意见建议、民主管理的重要事项、教代会的建设情况等，及时听取党委的意见，并认真落实到各项工作中。

二、教代会与学校行政的关系

《学校教职工代表大会规定》规定："学校应当建立和完善教职工代表大会制度。""学校应当建立健全沟通机制，全面听取教职工代表大会提出的意见和建议，并合理吸收采纳；不能吸收采纳的，应当做出说明。""学校应当遵守教职工代表大会的组织规则，定期召开教职工代表大会，支持教职工代表大会的活动。""学校应当为学校工会承担教职工代表大会工作机构的职责，提供必要的工作条件和经费保障。"同时，其也规定："教职工代表大会和教职工代表大会代表应当遵守国家法律法规，遵守学校规章制度，正确处理国家、学校、集体和教职工的利益关系。"这些规定表明，教代会与学校行政之间的关系，是相互依赖、相互支持和合作的关系，是监督与被监督的关系，是各司其职、各负其责的平等关系。

（一）学校行政要全力支持教代会行使职权

（1）学校行政领导要树立群众观念，坚定地贯彻全心全意依靠教职工办学的指导思想。校长要代表学校行政向教代会报告工作，重大事项、重大决策，特别是涉及教职工切身利益的事项需提交教代会审议，认真听取教代会代表的意见和建议。

（2）学校行政要尊重和支持教代会行使职权，认真贯彻执行教代会决议，认真处理和落实教代会提案，并支持教职工代表对学校行政工作开展监督、检查。

（3）学校行政领导要支持教代会代表开展民主评议干部工作，校长要做出表率，带头述职并接受教职工代表的评议和监督。学校行政要按有关规定，做好信息公开和校务公开工作，接受广大教职工的监督。

（4）学校行政要为教代会开展工作创造条件，从时间、人力、财力、物力上给予支持和保障。

（二）教代会要全力配合行政工作

（1）教代会要支持学校行政行使职权，维护其领导权威，教育广大教职工执行校长和其他行政领导在其职权范围内做出的决定，如有不同意见，在协商取得一致意见之前，应按校长的意见执行。

（2）教代会要动员和组织广大教职工，围绕学校中心工作，努力实现学校行政制定的规划和计划，完成学校行政提出的各项任务。通过开展征求意见、调查研究、合理化建议、建功立业等活动，积极为学校的改革、发展，建言献策，为校长决策提供依据。

（3）教代会要教育广大教职工树立主人翁精神，大力宣传和弘扬社会主义核心价值观，爱岗敬业，遵纪守法，为人师表。

（4）学校工会作为教代会的工作机构，要积极主动，经常及时地与学校行政进行沟通，反映教职工的意见和要求，密切配合，齐心合力，充分发挥群众组织的优势，为学校改革、发展添砖加瓦、策马扬鞭。

三、教代会与工会的关系

高校教代会与工会这两个概念容易混淆，正确认识和处理两者之间的关系，对于学校教代会制度的建立健全和学校工会事业的发展都有重要意义。教代会与工会既有不同点，又有相同点，更有紧密的联系。

（一）教代会与工会的不同点

（1）两者性质不同。教代会是教职工依法参与学校民主管理和监督的基本形式，是一种民主管理的形式和机构；而工会是党领导下的教职工自愿结合的工人阶级群众组织，是一个拥有法人资格的社会政治团体。

（2）组织形式不同。教代会只是定期召开大会，对本选举单位负责，至今没有专设的工作机构，校、院教代会之间没有上下隶属关系；而工会不仅有定期性的大会，还有专门的工作机构和编制，从中华全国总工会、地方总工会、省教科文卫体工会，到校、院工会，上下之间有领导和被领导的隶属关系。

（3）组成人员的产生程序不同。教代会代表按照一定民主程序和条件通过选举产生；而工会由具备一定条件的自愿加入工会的会员组成。即便是工会会员代表大会的代表，其产生的程序和条件也与教代会代表有很大的不同。

（4）职权范围和权威性不同。教代会按规定有八项职权，对学校的管理，尤其是涉及教职工切身利益的事项，具有参与决策、审议通过权；而工会没有这方面的管理权。另外，教代会与工会开展工作的依据的权威性不同。工会有《中华人民共和国工会法》《中国工会章程》等为法律依据，而教代会目前只有国务院部门规章为主要依据，教代会的法治化进程有待新的突破。

（5）作用、任务不全相同。工会是党联系职工群众的桥梁和纽带，是国家政权的重要社会支柱，是会员和职工利益的代表者、维护者，它拥有维护、建设、参与、教育四项社会职能；而教代会很少拥有这些作用和任务。教代会的基本任务是民主管理和监督；而工会的任务更加广泛，教代会工作机构的任务只是工会众多工作任务中的一个方面，发挥的作用，也只是工会众多作用中的一个方面。

（二）教代会与工会的相同点

（1）党的领导相同。教代会和工会都在党委的领导下开展工作。

（2）目标、使命相同。教代会和工会都是党联系教职工群众的桥梁和纽带，它们一方面积极反映教职工群众的意愿和呼声，另一方面都致力于团结和带领广大教职工贯彻党的路线、方针、政策，努力完成党委交给的各项任务。此外，教代会的民主管理和监督，与工会的"参与职能"目标相同。

（3）群众基础相同。教代会的主体和工会的会员来源、依靠对象相同，都是广大教职工，都必须密切联系群众。

（三）教代会与工会的联系

（1）工会是教代会的工作机构。学校工会承担与教职工代表大会相关的工作职责，这是工会与教代会最直接、最广泛的联系。在实践中值得注意的是，工会参与教代会的工作，但是工会不能包办更不能代替教代会的工作。教代会是教职工依法参与学校民主管理和监督的基本形式，教代会提案和教代会做出的有关决议等主要应当由行政组织落实。

（2）民主管理是纽带。民主管理是学校管理体制的重要组成部分，也是构建现代大学制度、加强高校民主政治建设的重要内容。因此，做好民主管理，充分发挥教代会的作用，这是学校党委、行政和工会共同的责任。建立健全教代会制度，推进民主政治建设，党委领导是根本保证，行政是关键，工会是条件，广大教职工是基础。学校民主管理是项系统工程，在新形势下实施好这项工程必须党政工群合力推进。

四、教代会与教职工大会的关系

为了更全面地理解教代会的性质、组织规则和任务，在实践中需要搞清楚教代会与教职工大会的区别和联系，不能把两者混为一谈。这里所讲的教职工大会，指的是平常学校党政召开的、大家习以为常的教职工会议或教职工大会。

教代会与教职工大会的联系或相同点，在于两者都是由教职工参加的会议形式，是学校管理工作、实现年度目标必不可少的举措之一，广大教职工都应该积极参会，认真领会，达到会议目的。而教代会与教职工大会的区别主要有以下三点：

第一，主体不同。教代会是教职工依法参与学校民主管理和监督的基本形式，其主体是教职工。正因为主体是教职工，教代会换届时，由主席团主持，届中年会由执委会主持，并要求代表中一线教师占多数，执委会组成中普通代表占多数。而教职工大会由学校党政或管理者召集、主持，是自上而下对教职工进行宣传教育或布置工作任务等性质的会议，体现的是会议召集人的意志。

第二，组织方式不同。教代会一般定期召开，议题来自教职工群众，代表按民主程序选举产生，会议有规定的组织规则；而教职工大会的召开则是按照党政的计划和工作需要，不需要这么多的民主程序和会议规则。

第三，性质不同。教代会是民主管理和监督的基本形式，属于民主参与的范畴；而教职工大会是党政主导的推进工作的会议，属于行政管理的范畴。

需要指出的是，按照《学校教职工代表大会规定》第十五条，"有教职工 80 人以上的学校，应当建立教职工代表大会制度；不足 80 人的学校，建立由全体教职工直接参加的教职工大会制度"。这里所指的"教职工大会"是教代会性质的"教职工大会"，其大会制度的性质、领导关系、组织制度、运行规则等，应与教职工代表大会制度相同。

第五节　召开地方高职院校教代会要把握好几个环节

一、会前筹备扎实

（1）明确党委的领导。明确整个筹备工作应在学校党委的领导下进行，工会按照教代会工作机构的职责，负责具体工作，而不是全盘、全程包办，避免工会唱主角或唱独角戏。学校党政有关部门和工会要成立筹备工作机构，分工协作做好各项工作。

（2）起草好筹备工作方案。筹备工作方案主要包括大会指导思想、初步议题、大会规模、代表比例和推选办法、提案征集、大会主席团和秘书长建议名单、会场布置及会议经费预算等内容。特别是要通过调查研究和走访行政有关部门，了解教职工群众当前关心、关注的热点问题，征集对学校民主管理方面的意见、建议，结合学校中心工作的实际，提出初步议题。选好、选准议题是开好教代会的前提。

（3）推选好代表。"教职工代表大会代表以教师为主体，教师代表不得低于代表总数的 60 %，并应当根据学校实际，保证一定比例的青年教师和女教师代表。民族地区的学校和民族学校，少数民族代表应当占有一定比例。"这里的重点和难点是"教师代表不得低于代表总数的 60 %"，其中有两点需要把握，一是"双肩挑"身份的干部，能否算教师。就学校的民主管理而言，"双肩挑"身份的管理干部应当归类于干部，尤其是校机关部处以上的"双肩挑"干部。假如"双肩挑"身份的干部都归类为教师，那么普通教师能推选为代表的比例就会偏低，同时也很难顾及各个不同层面的群体，在实践中容易出现广大教职工诟病的"教代会成了干部会、管理者会，或教代会成了教授会"的现象。二是"不得低于代表总数的 60％"，这里的比例该如何把握。60％是底线，多多益善，但也不是越高越好，关键是各个层面的代表要合理组成，能起到民主管理的实际效果。教师代表比例应当体现教师为主体，这是开好教代会的关键。

（4）做好提案征集。提案工作是教代会民主管理原则的重要体现，做好提案工作也要把握好几点：第一是提案的"质"。要求提案层次较高，有针对性，不能"鸡毛蒜皮"过于具体，也不宜"高大上"过于宏观。二是提案的"量"。"量"适中就好，太多或过少都不理想。三是老提案、重复提案要尽量避免。为此，在会前要做好培训工作。近些年来，有的高校开发了教代会电子提案系统，征集、审理、落实全程透明，提案质量得到显著提高，取得了很好的效果，值得借鉴和推广。

二、会中求真务实

（1）学校工作报告。校长所做的学校工作报告，是教代会的重要议题。各代表团要结合实际，认真审议；参会代表要积极发言；联络员要认真记录、及时整理。审议校长报告不能只唱赞歌，要以高度的责任感，发挥主人翁精神参政议政、集思广益，凝聚共识，推进改革发展。

（2）议题审议充分民主。教代会不是行政管理的范畴，而是民主参与的范畴。会前要广泛听取教职工的意见，会中代表充分审议，让代表充分发言，大会日程安排中要有各代表团审议情况通报和代表大会交流，切忌一言堂、赶会期、走形式。

（3）大会表决和决议环节。按照《学校教职工代表大会规定》，教职工代表大会的意见和建议，都要以会议决议的方式做出；涉及教职工切身利益的事项，在教代会职权范围内，推行票决制，这是提升教代会民主管理水平的重要环节。

（4）细致周到的组织工作。教代会有许多民主程序不能省略，程序民主是实质民主的前提。另外，每次大会都要事先准备好主持词，有关会议材料要及时送达。票决环节，事先要有预案，工作人员要预演。细致周到的会议组织工作，是大会有序推进的组织保证。

三、会后重在落实

（1）大会决议和精神的贯彻落实。要运用各种宣传工具、以多种形式宣传和传达会议精神，组织教代会各专门工作委员会，根据各自的职责，开展相关工作并协助、督促行政有关部门贯彻落实大会的决议。

（2）抓好提案的落实。落实提案，领导要重视，提案工作委员会要切实负起责任，相关部门要认真研究，及时答复，广大教职工和代表要行使好监督权，切忌提案工作"虎头蛇尾"，草草收场或敷衍落实。

（3）大会材料的整理、归档。这一环节容易疏忽，做好大会材料的整理、归档，对于坚持和完善教代会制度，改进教代会工作，不断提高教代会质量有重要作用。

第六节　地方高职院校工会会员代表大会

《中国工会章程》规定："工会的各级领导机关，除它们派出的代表机关外，都由民主选举产生。"《中国工会章程》还规定："工会基层委员会的委员，应在会员或会员代表充分酝酿协商的基础上选举产生；主席、副主席，可以由会员大会或会员代表大会直接选举产生，也可以由工会基层委员会选举产生。"《中国工会章程》明确了会员代表大会或会员大会是高职院校工会的最高权力机构。只有定期召开会员代表大会或会员大会，才能充分体现其作为地方高职院校工会最高领导机关的作用，才能更好地把党的中心任务及对工会的要求深入到广大会员群众的心中，才能切实加强和改善各级工会的领导，实现工会组织的群众化、民主化。地方高职院校工会必须严格按照《中国工会章程》的规定，按期召开会员代表大会或会员大会。

一、高校教职工代表大会与工会会员代表大会的区别

高校教代会是教职工群众行使民主权利、民主管理学校的重要形式和基本制度，是教职工参与学校民主管理、进行民主监督的基本形式，也是高校贯彻全心全意依靠教职工根本指导方针的制度保证，是学校进行民主管理的具体体现。

据调查，目前有不少高校认为，开了教职工代表大会就行了，没必要再开工会会员代表大会，因为很多事情都通过教职工代表大会解决了，再开工会会员代表大会是画蛇添足。我们认为这种认识颇具片面性。因为教职工代表大会与工会会员代表大会各自具有不同的特点。

高校教职工代表大会是广大教职工行使民主管理权力的机构。工会是职工自愿结合的群众组织，工会会员代表大会是工会的最高权力机关。两者性质、任务不尽相同，代表的构成也不同，所以有条件的单位，职工代表大会与工会会员代表大会应分别召开。但是两者在开展教学、做好科研、监督单位行政领导和维护职工合法权益等方面的任务则是相同的。

《暂行条例》第十八条对教代会做出了如下规定。学校工会委员会承担教代会工作机构的任务，在党委的领导下，会同有关部门做好下列工作：①做好大会的筹备工作和会务工作，组织选举教职工代表，征集和整理提案，提出大会方案和主席团人选提议名单，经党委批准后，召开大会。②大会闭幕期间，组织代表组（团）及各专门工作委员会（小组）的活动，组织代表传达贯彻大会精神，督促检查大会决议及提案的落实。③大会闭幕期间，遇有重要问题，可召集代表组（团）长会议或组织代表讨论，必要时可按规定的程序，召集临时代表会议。④向代表和教职工群众进行宣传教育，保障他们的民主权利，接受他们的申诉。⑤处理教代会交办的其他有关事项。

工会是党领导下的工人阶级自愿结合的群众组织。工会的主体是工会会员。工会的组织原则是民主集中制。因此，工会的一切重大决定、工作方针

和任务，都应当听取会员的意见，体现会员的意愿和要求。工会的领导人员应由会员代表（会员）民主选举产生，工会干部和工会的一切工作都应接受会员监督。《中国工会章程》规定，各级工会都应当定期召开会员代表大会或会员大会，这是实现工会民主集中制的一项根本制度，是加强工会建设的一项根本措施，是充分发扬民主、健全工会民主生活的一项重要内容。

县级以上工会代表大会一般每五年举行一次。工会基层组织的会员大会或会员代表大会，一般每年召开一次，会员代表大会的代表实行常任制，任期3年至5年。各级工会都必须按期召开会员代表大会或会员大会，只有在特殊情况下，经上级工会批准，才可以提前或延期召开。

由于高校绝大多数教职工是工会会员，有的单位教职工代表同时又是工会会员代表，我们认为教职工代表大会与工会会员代表大会应该结合召开。

二、实行"两会结合"应注意的问题

凡是"两会结合"的代表大会（"双代会"），会标上应写明"某某大学第几次教职工代表大会暨几届几次工会会员代表大会"，或者按会议性质分别用工代会或职代会的会标。

"双代会"召开时，职工代表的任期，可以同按新的规定执行的会员代表的任期一致。但由于地方高职院校民主管理制度是高校领导制度的组成部分，延长职工代表任期应征得党政方面的同意，同时要注意建立健全对常任制职工代表的监督制约机制。

召开"双代会"时，会议应分阶段进行，工会代表大会在审议通过工会工作报告、民主选举新的工会委员会时，如有非会员的职工代表，只能作为列席代表，没有表决权、选举权和被选举权。此外，"双代会"，因各自的具体职责范围不同，所以应分别做决议。

三、定期召开地方高职院校工会会员代表大会或会员大会

（一）地方高职院校工会会员代表大会或会员大会议程

地方高职院校工会会员大会或会员代表大会一般每年召开一次，代表实行常任制，任期与本单位工会委员会相同。会员代表大会或会员大会有权审议和批准本级工会委员会和经费审查委员会的工作报告，有权选举本级工会委员会和经费审查委员会。会员在200人以下的地方高职院校工会，一般应召开会员大会。

地方高职院校工会会员代表大会或会员大会的议程通常是：①选举产生大会主席团。②预选工会委员会委员、经费审查委员会委员和出席上一级工会代表大会的代表候选人，或讨论通过候选人名单。③正式选举产生工会委员会委员、经费审查委员会委员和出席上一级工会代表大会的代表。④审议和批准工会委员会的工作报告。⑤审议和批准工会委员会的财务工作报告和经费审查委员会的工作报告。⑥讨论和决定工会工作的重大问题。⑦讨论并表决通过大会决议。

（二）地方高职院校工会会员代表大会的代表

1. 地方高职院校工会会员代表大会代表的条件

地方高职院校工会会员代表大会的代表应具备以下条件：本人为工会会员；坚持党的基本路线；在教育教学、科研工作中起骨干作用，有一定的议事能力；热心为会员群众说话办事，在会员群众中有一定的威信。

2. 地方高职院校工会会员代表大会代表的名额

工会会员代表大会的代表名额，按会员人数确定。会员在200人～500人范围内的，代表为会员的20%～25%；会员在501人～1000人范围内的，代表为会员的10%～20%；会员在1001人～5000人范围内的，代表为会员的6%～10%；会员在5001人～10000人范围内的，代表为会员的5%。会员在200人以下的地方高职院校工会，一般应召开会员大会。

地方高职院校工会会员代表大会代表的组成应有广泛的群众性和代表

性。学校的教师代表，一般占会员代表总数的 60 % 以上。女教职工和青年教职工会员代表应占一定比例。

3. 地方高职院校工会会员代表大会代表的选举

会员代表应由会员民主选举产生。会员代表的候选人，由其所在单位工会组织，按照工会确定的代表候选人名额和代表条件，组织会员讨论提出名单，并由代表所在单位的工会负责人主持，经会员直接选举为正式代表。

地方高职院校工会会员代表大会代表，一律采取无记名投票方式差额选举产生。

每次选举所投的票数多于投票人数，选举结果为无效；等于或少于投票人数，选举结果为有效。每张选票所选的人数多于规定应选代表人数，为废票；等于或少于规定应选代表人数，为有效票。

地方高职院校工会会员代表大会代表候选人，获得选举单位全体会员过半数选票时，始得当选为正式代表；获得过半数选票的代表候选人名额超过应选代表名额时，以得票多的当选。如遇候选人得票数相等不能确定当选人时，可以就票数相等的候选人重新投票确定；获得过半数选票的代表候选人名额少于应选代表名额时，不足的名额，可另行选举。

4. 地方高职院校工会会员代表大会代表的职责

（1）带头执行党的路线、方针、政策，自觉遵守国家法律和学校的规章制度，努力完成教育、教学、科研等各项工作任务。

（2）积极参加会员代表大会，认真听取工会委员会和经费审查委员会的工作报告，认真讨论和审议代表大会的各项议题，认真负责地提出审议意见和建议。

（3）严肃负责地履行民主选举的权利，认真做好各项民主选举工作。

（4）积极参加对工会领导人的民主评议和民主测评工作，实事求是地提出奖惩和任免的建议。

（5）经常保持与本单位会员群众的密切联系，注意听取会员的意见和建议，及时向工会委员会反映，热心为会员说话办事，并积极为做好各项工作献计献策。

（6）积极宣传贯彻工会代表大会的决议精神，团结和带动会员群众完成会员代表大会提出的各项任务。

5. 地方高职院校工会会员代表大会代表常任制

《中国工会章程》第二十六条规定："工会基层组织的会员大会或者会员代表大会，每年至少召开一次。""工会基层委员会和经费审查委员会每届任期三年至五年，具体任期由会员大会或者会员代表大会决定。""会员代表大会的代表实行常任制，任期与本单位工会委员会相同。"地方高职院校工会会员代表大会代表实行常任制和他们的任期的适当延长，进一步扩大了会员的民主权利，加强了广大会员群众对地方高职院校工会委员会的监督力度，加深了工会与会员群众的联系，促进了地方高职院校工会民主生活的发展。

四、地方高职院校工会会员代表大会的民主选举

地方高职院校工会委员会和经费审查委员会由会员大会或会员代表大会民主选举产生。主席、副主席可以由会员大会或会员代表大会直接选举产生，也可以由地方高职院校工会委员会选举产生。工会委员会的选举工作由上届工会委员会负责。

地方高职院校工会委员会和经费审查委员会每届任期三年或者五年。

（一）地方高职院校工会委员和常务委员的名额

地方高职院校工会委员会委员名额，按会员人数确定：25 人以下的，设主席或组织员 1 人；26 人～200 人的，设委员 3 人～7 人；201 人～1000人的，设委员 7 人～15 人；1001 人～5000 人的，设委员 15 人～21 人；5001 人～10000 人的，设委员 21 人～29 人；10000 人以上者，委员不得超过 37 人。

会员人数较多的地方高职院校工会委员会，经上级工会批准，可以设常务委员会，常务委员由 9 人～11 人组成。

（二）民主选举的准备工作

选举地方高职院校工会委员会和经费审查委员会，要做好充分的准备工作。

（1）进行选举教育。要对会员代表或会员进行民主集中制的教育，会员权利和义务的教育，宣传委员的基本条件，宣传选举的意义、要求和基本做法，教育会员代表或会员正确行使选举的权利。

（2）确定选举名额。根据高校会员人数和工作需要，确定地方高职院校工会委员会和经费审查委员会的名额。

（3）酝酿候选人。地方高职院校工会委员会、经费审查委员会的候选人，应按照民主集中制的原则，发动和组织各二级工会委员会、工会小组和广大会员群众提名，自下而上地充分酝酿、反复讨论。候选人的预备名单应报同级党组织和上级工会同意。

（4）确定候选人。地方高职院校工会委员会、经费审查委员会的候选人，应在会员代表大会或会员大会上讨论通过，或者通过预选来确定。

（5）印制选票。选票要统一印刷，不得编号或做标记。选票上候选人名单要按姓氏笔画为序排列。如果候选人是经过预选产生的，也可以按预选中得票的多少排列。同时，应列出与候选人名额相等的空格，供选举人另选他人时填写。选票上加盖地方高职院校工会委员会的印章，还要准备好投票箱和封条。

（三）民主选举程序

地方高职院校工会会员代表大会或会员大会的选举程序一般如下：

（1）大会执行主席报告出席大会的会员代表或会员的人数。出席大会的会员代表或会员超过会员代表或会员的半数时，选举有效，可宣布进行选举。如果未超过半数，选举将是无效的，必须改期进行。

（2）宣布地方高职院校工会委员会、经费审查委员会名额及候选人名单。在宣布候选人名单的同时，要如实介绍候选人的基本情况，包括简历、工作表现、主要优缺点等，以帮助会员代表或会员比较全面地了解候选人。

（3）推选唱票、计票和监票等选举工作人员。工作人员名单可由会员代表或会员提名，也可由大会主席团提出建议经大会通过。本届工会委员会、经费审查委员会的成员和下届的候选人都不宜担任选举工作人员。

（4）分发选票。选票只发给到会的工会会员代表或会员。选票分发后，选举工作人员应请会员代表或会员核对选票有无漏发、多发和选票上有无漏盖公章等差错，并由大会执行主席宣布分发选票的数字，向选举人说明填写选票时应注意的事项，防止填错造成废票。

（5）选举工作人员检查票箱并封箱。

（6）填写选票。选举人按大会执行主席和选票上说明的填写方法，填写好选票。

（7）进行投票。先由选举工作人员投票，然后由大会主席团成员投票，接着到会的会员代表或会员按座位顺序依次投票，缺席的会员代表或会员，不能委托别人代选，也不能预先投票。

（8）开票。可在大会上当众开票，也可以宣布暂时休会，由选举工作人员开票。开箱取出的选票少于或等于分发的选票数，选举有效，即可唱票、计票并由唱票人签字。

（9）宣布选举结果。大会执行主席宣布选举结果，要报告每个被选举人的票数，宣布当选者名单，，并说明当选名单须报请上一级工会批准后生效。

（10）选举结束后，工作人员将选票清点密封，交由新产生的工会委员会，保存至下一届工会委员会选举产生。未经同级党组织和上一级工会批准不得启封。

（四）实行差额选举

地方高职院校工会会员代表大会或会员大会的选举实行差额选举，就是候选人多于应选人的不等额选举。

（1）在正式选举前进行预选，经过预选产生候选人名单，然后进行正式选举。在预选时，对正式候选人可以提出一个大体的名额。经过预选，凡投票超过到会代表或会员半数的即可列为正式候选人；得票没有超过半数的，不得列为正式候选人。

（2）正式选举时，提出的候选人数应多于应选人数，实行差额选举。选举一律实行无记名投票方式，就是选举人在选票上不签署自己的姓名，只填写自己同意的候选人姓名，或者在选票候选人姓名前的空格中画上规定的同意或不同意的符号，也可以填写候选人名单以外的人的姓名。《工会基层组织选举工作条例》规定，在选举中，选举人可以投赞成票或不赞成票，也可以投弃权票。投不赞成票者，可以另选他人。但是，没有规定投弃权票者可以另选他人。若投3个候选人的不赞成票，两个候选人的弃权票，则只能另选3人，若另选4人，则为废票。

（五）选举的有关规定

《中国工会章程》《工会基层组织选举工作条例》《关于地方工会和基层工会召开代表大会及组成工会委员会、经费审查委员会的若干规定》对基层工会的选举做出了具体规定，这些规定也适用于地方高职院校工会会员代表大会或会员大会的选举。

（1）会员都有选举权和被选举权，保留会籍者不参加选举。非会员没有选举权和被选举权。

（2）代表、委员、常委、副主席、主席候选人名单必须经过会员代表大会或会员大会讨论通过方为有效。候选人不限于本届会员代表大会的代表。

（3）选举采用无记名投票的方式。可以经过预选产生候选人名单，然后进行正式选举；也可以不经过预选，采用候选人数多于应选人数的办法进行选举。

（4）地方高职院校工会委员会和经费审查委员会由会员代表大会或会员大会选举产生。地方高职院校工会委员会选举主席、副主席，经费审查委员会选举主任、副主任。主席、副主席也可以由会员大会或会员代表大会直接选举产生。大型院校的工会委员会根据工作需要，经上级工会委员会批准，可以设常务委员会。常务委员会由地方高职院校工会委员会选举产生。分工会委员会选举主席1人，必要时可选举副主席1人。工会小组长由工会小组选举。选举中获得超过选举范围人数的半数以上选票方能当选。

（5）代表、委员的候选名单，按姓氏笔画为序排列。

（6）从委员中增补常委或主席、副主席，一般要由委员会选举产生，不是委员的要先增选为委员。

（六）地方高职院校工会会员代表大会或会员大会选举结果报批手续

地方高职院校工会委员会在会员代表大会或会员大会进行选举的前后都必须履行一定的报批手续。

（1）召开会员代表大会以前，应向同级党组织和上级工会汇报代表选举情况。初步酝酿的下届委员会、常委会和经费审查委员会的名额及其委员、常委、主席、副主席和主任候选人的预备名单，经同级党组织和上级工会同意后，方可召开会员代表大会或会员大会进行选举。

（2）会员代表大会或会员大会选出的地方高职院校工会委员会委员和经费审查委员会委员，以及地方高职院校工会委员会选出的常委、主席、副主席和经费审查委员会选出的主任、副主任，要报学校党委和上级工会审批。选举结果与候选人名单不一致时，应以选举结果为准。

五、会员代表在会员代表大会闭会期间的权利、义务和活动方法

（一）会员代表在会员代表大会闭会期间的权利

（1）有权对会员代表大会做出的决议、决定的执行情况进行监督，提出批评建议，有权建议撤换或罢免违法失职的地方高职院校工会工作人员。

（2）有权对学校行政和教育、管理工作中的问题提出批评与建议。

（3）有一定数量的代表提议，可提前召开会员代表大会，研究解决重大问题，平时可列席地方高职院校工会委员会的有关会议。

（二）会员代表在会员代表大会闭会期间的义务

（1）模范地贯彻执行会员代表大会做出的决议、决定。

（2）密切联系广大会员群众，积极征集、反映会员群众的意见、建议，积极参加地方高职院校工会组织的各项活动，参加代表级的视察活动。

（3）勇于同违反工会章程、工会决议的行为做斗争。

（三）会员代表在会员代表大会闭会期间的活动方法

会员代表在会员代表大会闭会期间的活动方法主要为分散活动与集中活动相结合。可按单位或专业划分若干小组，代表组原则上每季度活动一次，可定期组织代表对地方高职院校工会工作进行视察、质询等。

第三章 地方高职院校民主管理

第一节 地方高职院校民主管理的基本概念

一、民主管理的含义

"民主管理"从字面上看，是由"民主"这一政治学概念和"管理"这一管理学概念组合而成的，但其含义并不是两者意义的简单相加。"民主管理"是指一定组织内各群体成员和民主管理机构行使民主权利对该组织公共事物的管理。其特征有三点：一是广泛的群众性，自下而上反映了广大群众的意愿；二是具有一定的约束力和权威性，有制度为保证，有一定的权力；三是具有独立性，不依附于管理机构。

正确理解"民主管理"要澄清这样一些误解。比如，"民主管理就是正确的管理"。民主管理的重要特征之一是自下而上反映了广大群众的意愿，体现"群众性"。当大多数的群众没有想到、意识到、觉悟到某种方式管理的重要性的时候，所采取的民主管理就未必是正确的管理。少数人的真理，有时易被多数人的谬误击垮，而真理一开始并不容易被大多数人所洞悉。因此，民主管理未必是正确的管理。又如，"民主管理就是科学管理"，这也未必正确。民主管理是"约定俗成"的制度化、程序化管理，是一种得到大多数人认可和接受的管理方式，就像"剪刀、石头、布"的游戏规则一样，输者"洗碗"或"喝酒"，是事先讲好的，大家都接受，但未必就是科学管理。再如，"民主管理就是运用民主方法进行的管理"。采用民主方法、方式进行的管理，不能表明这就是"各群体成员和民主管理机构"行使的管理，也难以确保"群众性""权威性""独立性"的民主管理特征，因而运用民主方法进行的管理未必是民主管理。又如，"民主管理是低效率的管理"，这种理解也是有误的。只要能体现民主管理的特征，多数人的参与，分享对公共事物的管理权，民主管理也可以是高效率的管理。

综上所述，实行民主管理，就应该满足组织成员受尊重的需要；实行民主管理，就应该有助于组织目标的实现、有利于维护各群体的利益、有利于科学地制定决策和有效地执行决策、有利于使管理做到以人为本；实行民主管理，就应该把全体组织成员作为管理的主体，理解人、发展人，同时实现下属知情权、参与权，从而充分调动群体的积极性、创造性。这是民主管理的要旨，因此，开展民主管理对于组织目标的实现和正能量的凝聚有独特的意义。

二、地方高职院校民主管理的含义

地方高职院校民主管理，是指高职院校师生员工各群体成员和民主管理机构行使民主权利对学校公共事业的管理，是广大师生员工依据国家法律和有关规定，行使自己的民主权利，通过一定的形式和途径，直接或间接参与对学校事务的管理。正确理解地方高职院校民主管理的含义，要把握以下几点：

第一，各群体成员，是指全校师生员工在内的各个群体，是民主管理的主体。对高校而言，师生员工既是民主管理的主体，又是民主管理的客体。需要特别指出的是，在这些群体中，不能把学生排除在外，学校办学及教学活动的实施，离不开学生，学生也是主体。除学生群体外，在用人方式多样化的今天，也不能忽视职工群体、非事业编制群体在民主管理中的作用。

第二，民主管理机构，主要是指教职工代表大会、工会、团委、学生会等机构。

第三，民主管理是各个群体依据国家法律和有关规定进行的管理活动，有一定的制度化、程序化、规范化的要求，而不是一般的、日常的管理活动。因此，民主管理要遵循制度化、程序化的原则，不能因人而异，也不能随意简化或删减程序。

第四，民主管理是各个群体参与民主决策、民主监督的活动。既然是"参与"，就不是"为主"或"作主"，而是"为辅"或"协助"式的管理。也就是说，在强调民主管理重要性的同时，不能高估或随意拔高民主管理的参与作用。

因此，地方高职院校民主管理是学校管理中的一种全过程、全方位的工作和活动，它伴随着学校管理的决策、计划、组织、指挥、协调和控制的各个环节，渗透到学校的发展战略、教学科研、后勤保障、人事和生活福利等各个方面。

三、地方高职院校民主管理的主要方式方法

按照民主管理的三个特点，广大师生员工行使民主管理职权的方式主要有"直接参与""间接参与""沉默或放弃参与"等。"直接参与"不难理解，不再赘述；"间接参与"主要是指通过推选代表参与的管理活动。需要指出的是，师生员工对某项决策、计划、指挥等表现出"沉默或放弃参与"的意愿，也是一种态度和意见，不能视而不见。

民主管理的主要方式方法有：代表大会制、议题表决制、协商、听证、通报、座谈及提案工作等，根据不同情况和内容，会采取不同方法行使民主管理职权。

四、地方高职院校民主管理的重点和难点

当前地方高职院校民主管理的薄弱环节主要表现在各级领导依法治校意识有待进一步增强、师生员工对民主管理认识不到位、教职工主人翁地位不明显、民主权力和学术权力缺失、现行的"五代会"（党代会、工代会、教代会、团代会和学代会）代表作用发挥有限及地方高职院校民主管理体制不完善等方面。针对这些薄弱环节，如何有效推进地方高职院校民主管理，应从不同群体有效参与形式、群体参与层次、参与进程和程度等几个方面入手，按照民主管理的法律法规和有关规定，实行民主管理。通过民主管理，让广大师生员工拥有知情权、建议权、参与权、监督权，充分发挥学校各个群体

的智慧和才能，这是民主管理的价值取向，也是办好学校的关键。

五、地方高职院校民主管理的依据

（一）民主是中国特色社会主义的本质特征和内在属性

我国的"国体民主"是人民当家作主。民主是中国特色社会主义的应有之义，是社会主义制度优越性的重要体现，是社会主义制度的基本特征之一，是社会主义核心价值观的重要内容，是"小康"社会建设的政治保证，是我们党始终追求的理想和目标。

（二）国家法律法规有关规定

（1）《中华人民共和国宪法》赋予公民民主管理的权利。《中华人民共和国宪法》第二条规定："人民依照法律规定，通过各种途径和形式，管理国家事务，管理经济和文化事业，管理社会事务。"

（2）《中华人民共和国工会法》第六条规定："工会依照法律规定通过职工代表大会或者其他形式，组织职工参与本单位的民主决策、民主管理和民主监督。"第十九条规定："企业、事业单位违反职工代表大会制度和其他民主管理制度，工会有权要求纠正，保障职工依法行使民主管理的权利。"

（3）《中华人民共和国教育法》第三十条、《中华人民共和国教师法》第七条及《中华人民共和国高等教育法》第四十三条都规定了教职员工参与地方高职院校民主管理的权利。

（4）《国家中长期教育改革和发展规划纲要（2010年—2020年）》对学校民主管理提出了明确的要求。

（5）高校民主政治建设的理论与实践成果充分肯定了民主管理的必要性和重要性。主要有：高校党建理论；高校民主集中制和党委领导下的校长负责制建设理论；地方高职院校民主管理、民主决策、民主监督理论；地方高职院校工会、教代会建设理论；高校群团组织建设理论；高校校务公开和依法治校理论；高校构建现代大学制度建设理论；高校民主党派建设理论；高校思想政治教育理论；高校安全稳定、和谐校园建设理论；等等。

第二节　高校教代会制度是推进民主管理的基本形式

一、教代会制度的建立和完善是完善高校民主权利的必要补充

我国高校内部领导体制的变更，按时间顺序大致经历了以下几个阶段：

1950—1956：校长负责制。

1956—1961：党委领导下的校务委员会负责制。

1961—1966：党委领导下的以校长为首的校务委员会负责制。

1966—1976：党的一元化领导。

1978—1985：党委领导下的校长分工负责制。

1985—1989：党委领导下的校长负责制，同时试行校长负责制。

1989 年至今：党委领导下的校长负责制。

1998 年 8 月，《中华人民共和国高等教育法》将"国家举办的高等学校试行中国共产党高等学校基层委员会领导下的校长负责制"正式予以立法确认。

高校教代会制度的建立、完善和作用的发挥有赖于国家民主政治建设的进程，有赖于高校内部领导体制和管理体制的优化，也有赖于广大师生员工民主意识的增强和参政议政能力水平的提高。构建并实现"党委领导、校长负责、教授治学、民主管理"的现代大学制度的目标，任重道远，需要党和国家、学校、社会及广大师生员工的共同努力。

二、教代会是推进民主管理的基本形式

教代会的性质已在上一章中讲述，此处不再赘述。这里着重阐述与民主管理直接相关的一些概念。正确理解这些概念，有助于教职工群众正确行使

民主权利，有助于推进学校的民主管理。

一是"基本形式"。教职工代表大会是教职工依法参与学校民主管理和监督的基本形式。所谓"基本形式"是必须的、起码的、唯一的，这就确立了教代会与民主管理的紧密关系。也就是说，高校要民主管理，首先要建立教代会制度，而且不能由其他制度来代替。正因为教代会是民主管理的基本形式，也就意味着除此以外，还有别的形式。所以说，民主管理不仅仅只有教代会这种形式，还可以有许多别的形式，但唯有教代会是民主管理的基本形式。

二是民主管理具有广泛的群众性和代表性。民主管理是一种由多数人、各个群体代表参与的管理，因此在行使民主管理职权的时候，一定要体现师生员工为主体，避免用习惯性的行政化管理来替代民主管理。

三是民主管理具有一定的权威性，对行政权力有一定的约束力。学校要重视并尊重广大师生员工的民主管理职权，通过落实这一职权来贯彻全心全意依靠广大教职工办学的思想，从而调动广大教职工的积极性、创造性。

四是民主管理职权的行使要依照国家有关法律法规和有关规定，符合"约定俗成"的程序和制度要求。民主管理的内容就高校而言，主要是民主推选、民主决策、民主参与和民主监督。

上述特点是民主管理的本质特征，不能因人而异，也不能随意更改。

第三节　创新地方高职院校民主管理的思路与对策

一、提高认识、营造氛围、明确目标和路径

（一）地方高职院校民主管理的重要性

《中华人民共和国高等教育法》规定，高等教育必须贯彻国家的教育方针，为社会主义现代化服务，其任务是培养具有创新精神和实践能力的高级专门人才，发展科学技术文化，促进社会主义现代化建设。在新的历史时期，

高校面临以岗位聘任制为主要内容的人事制度改革，在规模扩张的基础上提升内涵将是促进高校进一步发展的重要任务。民主管理是高校健康持续发展的助推器，是增强学校凝聚力的粘合剂，是调动广大教职工积极性的发动机，也是构建高校新的人事（劳动）关系的润滑剂。

高校知识分子作为工人阶级的一部分，知识水平、学历层次高，思想活跃，民主管理、民主参与意识强，高校各级领导，尤其是学校领导一定要进一步提高民主管理重要性的认识，牢固树立依靠教职工办学的方针。凡是推出重大改革事项，特别是涉及教职工切身利益的事项，都必须广泛听取教职员工的意见。教学改革与学生密切相关，要改变以往忽视学生参与的做法，使改革举措取得实效。

（二）积极营造民主管理氛围

要加强宣传教育，营造民主管理氛围。认真组织学习与民主管理相关的法律法规和有关规定，正确处理党委领导下的校长负责制与师生员工拥有民主管理的权利的关系。要站在社会主义政治文明和高校民主政治制度建设的高度，推进民主管理。要结合党的群众路线教育实践活动的开展，宣传民主思想，倡导民主方法，树立民主意识，让尊重人才、尊重教育规律、尊重劳动成为学校各级领导思考发展、出台政策的习惯。要突出师生员工是民主管理主体的意识，积极引导广大师生员工树立主人翁意识、民主管理和民主参与意识，把自身利益与学校发展的整体利益结合起来，不断提高广大师生员工的民主管理水平和能力。

（三）明确民主管理的努力方向

地方高职院校民主管理应该适应民主法治建设的发展和师生员工民主意识增强的新需求，在党的领导下，认真学习贯彻党中央关于"依法治国"和发展社会主义民主政治的一系列重要指示精神，坚持走有中国特色的社会主义工会发展道路，以制定、出台"学校章程"和构建现代大学制度为契机，在巩固、完善教代会这一民主管理基本形式的基础上，扎实推进校务公开和信息公开工作，积极探索和发挥"学代会""团代会"在民主管理中的作用，加快地方高职院校民主管理的规范化、法治化进程。同时，要不断丰富和拓展民主管理的新形式、新渠道，切实维护师生员工的合法权益，努力构建和谐校园、平安校园，为进一步深化高校改革、发展，保驾护航、建功立业。

二、建立、健全、拓宽丰富民主管理制度

（一）构建与完善高校工会独立性保障制度

依据《中华人民共和国工会法》的精神，高校工会只有在比较独立的氛围中才能放开手脚行使职权。只有保障高校工会工作的独立性，才能保证工会民主管理工作的顺利开展，因此为高校工会构建高效可行的保障制度势在必行。

1. 改革高校工会的管理机制

高校工会非独立性、依附性强的问题是高校工会部门的根本源问题，因此必须采取切实可行的措施，完善有关制度，尝试推行高校工会的垂直化管理机制，即高校工会接受全国教育总工会的统一领导，弱化高校党政部门的直接干预，维护《中华人民共和国工会法》在高校中的政令畅通和法制统一，加强全国教育总工会执法的权威性。实施高校工会垂直管理的一个突出优点是能够避免高校行政机关的干扰，确保真正的"上传下达、政令通畅"，同时有利于工会资源的有效配置，实现工会人才的专业化。高校工会垂直管理可以减少高校行政机关对工会干部的压制，使工会干部放开胆子地为广大教职工办事，将更多的精力投入工会的参与、维权、协调等职能中，使高校工会工作更加快捷、自主和系统化。改革高校工会的管理制度和管理体制，就是要从根本上摆脱高校工会的非独立性、依附性强的模式，打破现有的固化思维，促使高校工会在实施民主管理、民主监督，维护教职工权益的时候更有魄力，能够切实站在教职工的立场为广大教职工说话、办事。

2. 弱化行政对工会直接干预

依据工会法的规定，工会应该不受行政过多的干预，高校工会应该由其所属地的上级工会实施管理，学校党委应辅助上级工会来监督及协助工会工

作。高校工会的工作模式应该是在党委领导下寻求政策支持，获得相对独立性，尽量避免高校党委对工会工作的直接干预和控制，保证高校工会在相对独立的环境下行使职责。工会成员也应当专职化非行政管理人员，其组织关系由上一级工会负责，高校党委有权依据政策法规对工会工作进行指导，但无权对工会工作进行直接干预，只有这样才可以保障工会工作的相对独立性。

3. 保障高校工会经济独立性

高校工会的经济独立性是指工会有自己的财务管理机构和经济管理办法，不受任何单位和领导的约束和控制。要使高校工会具有独立性，就要为高校工会提供充足的物质保障，高校必须保障其具有独立的资产、充足的经费及工作场地，任何个人或组织不能用行政命令克扣、截留相关物资及干预高校工会的工作。要因时制宜、因地制宜地完善工会资金收取办法，根据高校教职工资金的分配和使用办法，原则上采取多得多交的方式，定期收取会员会费，也可借助其他办法拓宽工会资金的来源渠道，保证工会有稳定的资金来源。只有经济独立才能行动独立，才能切实做好工会工作。

（二）加快高校工会人事改革制度

高校的行政化导致其工会过多地依附于行政部门，缺乏独立客观地行使职责的能力，因此完善高校工会人事制度改革尤为重要。

1. 完善高校工会人事选举制度

目前，工会干部的组成人员产生选拔没有自主权。高校工会成员的产生模式也必然导致工会成员在工作中缺乏独立性，如在工作中可能仅向党委和行政负责而忽视教职工的切身权益，这和《中华人民共和国工会法》的精神相违背。高校工会组织成员的产生缺乏独立性，必然导致其在行使民主管理权限时，在面对两难选择时，往往会促成对上而不对下的尴尬局面。《中华人民共和国工会法》对于工会干部和工会成员的选举办法做了明确规定，原则上应该认真贯彻实行民主选举制度。一方面，工会干部应该由上一级工会组织提名，再由工会成员采用差额选举的办法选举产生，这避免了工会既是"资方"代表，又是"劳方"代表的尴尬情况，符合"竞争上岗"的理念，为维护教职工的权益铺垫了良好的基础。另一方面，工会会员应该提高民主参与和民主管理的理念，重视自己手中庄严的一票，认真履行自己的权力，选举出能为民办事，认真负责的工会干部。

2. 保证高校工会成员专任专职性

目前，高校工会专职人员编制少，也成了困扰工会民主管理权限的主要因素。工会成员应为专职化非行政管理人员，其组织关系与工资关系由上一级工会负责，同级高校党委对工会工作进行指导。然而，许多高校的工会成员并不是专职从事工会工作的，有的是教师，有的是双肩挑等，不能更专注地服务于教职工、服务于学校。因此，应该采取措施逐步消除工会成员的兼职现象，增加高校专职工会成员的比例，从根本上避免工会对党委行政部门的依赖性，只有这样才可以保障工会工作的相对独立性。此外，高校工会干部的年龄普遍偏大，工作方式僵化死板，缺乏创新活力。因此，应该改变对传统工会的印象，吸纳年轻干部，为工会注入年轻人的血液，以适应高校工会改的进步和发展，这能在很大程度上保障工会工作的效率。

3. 加强工会干部队伍建设

高校工会干部是工会会员的主心骨，是工会会员利益的代表者和发言人。因此，工会干部的思想政治水平、工作作风、业务水准、维权意识、服务理念关系到整个工会组织的进步和发展，也同样关系到广大教职工的利益能否得到及时的维护。因此，学校要采取相应措施，重视对工会干部的有关培训，使工会干部及时了解国家政策，提高自身业务水平，帮助提高工会干部的工作能力。需要特别强调的是，面临广大教职工法律意识、自我维权意识逐渐强化的挑战，工会干部必须"学法、知法、懂法"，因此不仅学校要加大对工会干部的有关法律知识的培训，工会干部也要及时加强法律的学习、增强对法律法规的了解，以提高自身应对突发危机的处理能力和运用法律手段维护广大教职工利益的能力。

此外，当前高校将工会成员纳入行政管理人员对队伍中，其考核、职称评审及晋升的方式与行政人员一致，但工会成员并不是行政管理者，所以这种做法是不合理的。为此，应构建专门针对工会成员的评价体系，将其业绩考评、职称评定与晋升等与其绩效挂钩，以激励工会干部维护教职工利益，同时也能在某种程度提高工会自身工作的独立性。

（三）完善高校工会参与民主管理保障制度

现代大学治理强调多元主体参与学校民主管理，高校工会作为主要的参与主体，为了激发工会人员的工作主动性和积极性，保证工会干部的民主管理参与权限的及时落实，有必要建立一套完善的民主管理保障制度，以保证工会工作的顺利运行。完善高校工会民主管理保障制度，使之法治化和规范化，要在以下几个方面进行努力深化：

1. 完善高校工会参与民主管理法律制度保障

应尽快完善与目前工会工作相关的法律法规，将工会职能的实现和工会工作的展开纳入法治化轨道，实现高覆盖的工会法律体系，为高校工会开展各项具体的工会工作提供强有力的法律支撑，以提高工会工作效率，提高工会执行与制裁的约束力和有效性，使工会能够在职能履行过程中有法可依、有据可循。《中华人民共和国工会法》于 2001 年和 2009 年得到两次修订，但是新修订的法律对侵害工会会员合法权益的惩处措施较少，导致法律缺乏可操作性和实施性，因此非常有必要完善《中华人民共和国工会法》中对相关人员的法律追究方式的有关内容。比如，工会法需要进一步明确侵权的种类、法律责任的归属部门，也需要进一步明确侵权的惩罚措施，以及拒不服从惩处的组织或个人应承担的法律责任等法律条款。除此之外，《中华人民共和国工会法》还应进一步明确回复维权人的期限，即在一定时间内必须给维权人答复，只有这样才能保证教职工的权益得到真正的维护和落实，也能保证工会成员在执行民主管理权力时强有力的法律支撑和保障。

2. 拓宽高校工会民主管理参与权限

《中华人民共和国工会法》规定广大教职工可以以教代会或其他合法形式积极参与本单位的民主决策、民主管理。因此，应采取措施培养自己的主人翁意识和精神，积极深化高校工会的民主管理权限，扩大高校民主管理范围，充分调动高校工会参与民主管理的积极性和主动性，保证高校的民主决策符合绝大多数教职工的利益。在确定和明确高校工会的职责和任务时，必须明确规定工会组织应该享有的民主管理权限及其民主管理范围。随着高校不断深化改革和发展，广大教职工的思想观念也得到了及时的更新，参与意识和维权意识也逐步得到了加强，他们迫切想要表达自我，因此高校工会也应及时破陈出新，不断更新工会成员的民主管理参与权限和民主管理参与职能，不断拓展思路，采取新思路、新措施、新方法，创新高校工会民主管理的途径、种类等，尤其是在涉及广大教职工切身利益等方面给予高校工会具有广泛意义上的决策权和表决权，积极避免工会参与民主管理流于形式化。

3. 建立健全高校工会维权机制

要想教职工的利益得到真正的维护和保证，仅仅依靠工会的能力和水平很难实现。工会的维权机制本身就是一个开放的系统，是整个社会关系协调维权机制的重要组成部分，也要在社会各方面的参与中实现其功能，因此工会组织要广泛借助外部力量，广开言路、寻求多种维权渠道。一是工会可以与高校工会上一级主管部门建立长效沟通协调机制，在本级工会无法解决的情况下，可以向上级主管单位或上一级工会组织寻求法律援助、法律救济、法律申诉等；二是需要加强与兄弟院校，同区域院校的沟通协作，在涉及具有普遍性、相通性等特点的维权事件时，可以联名向上一级主管部门进行反映；三是随着现代网络媒体的蓬勃发展，新媒体具有覆盖面广、传播及时、沟通迅捷等多种优势，高校工会也可以利用网络平台维护教职工权益；四是还可以借助法院、律师事务所等司法法律部门实施维权，保证维权在法律法规的范围内进行，增强维权的成功概率。总之，高校工会应该在扩展高校工会维权机制方面加大投资力度，采取多元化的维权模式，保证工会组织维权职能的真正落实。此外，在当前高校实行人事制度"双轨制"的模式下，人事代理、聘用制等编外人员极其容易产生心理上的不平衡，也可能造成更多的侵权行为，高校工会应该广泛吸纳这部分人进入工会组织，广泛听取他们的意见，注重对这部分人权益的维护，促使高校工会的工作及时得到更新和发展。

（四）坚持和完善高校教代会制度

随着高校管理改革的不断深化，高校自身的发展路径也应紧随时代的变化及时得到更新。在现代大学治理视域下，高校应更加注重民主政治建设，因此高校工会必须主动思考自身的发展思路和发展路径，不断调整自身的组织机构建设和职能定位，而教代会作为高校党委领导下的维护教职工合法权益的常设性组织机构，也要不断弥补不足，完善制度建设。

1. 加大宣传力度，提高广大教职工的责任感

充分利用各种宣传途径，如工会网站、学校广播、院系工会委员会等向教职工宣传教代会的相关理论、法规、政策，也可以通过培训班、会议等形式对高校领导、教代会执行委员会成员宣扬现代大学治理的理念。通过这些方式加强对教代会工作的理论研究与实践探索，可以让广大教职工也积极投入学校的建设发展过程中，并为之献计献策。要做到既要考虑自身的发展，也要结合学校发展的新的情况，提高认识，从大局出发，以达到统一思想，增强广大教职工履行教代会职权的责任感和使命感的目的。

2. 优化工会队伍结构，增强教代会整体水平

一是增强高校教代会代表的民主参与意识和民主参与能力。教代会每年一次，作为教职工的代表，教代会代表必须提高自身的思想理论认识，培养大局意识，增强使命感和责任感，广泛听取、搜集、整理、归纳教职工的利益诉求，积极为学校的发展建言献策，及时传递教职工的利益诉求，提高自身的民主参与、民主决策和民主监督的水平。

二是提高工会工作的有效性和业务水平。高校工会应充分利用工会网站、院系工会委员会、培训班、会议形式等各种宣传途径向广大教职工及相关领导层宣传教代会相关理论、法规、政策及大学治理新理念，加强对教代会工作的理论研究与实践探索，加强对法律的了解。

三是采取科学合理措施，积极开展丰富多样的文体活动，增强工会凝聚力。要科学合理地把学校编制外的教职工吸纳到工会中，创建和谐稳定有序的工作环境；建立工会考评管理和激励机制，推进工会民主管理工作

高效深入发展；注重对年轻干部的选拔和培训，重点选择那些敢说话、敢作为、愿意替教职工说话办事的人作为工会干部的后备领导班子，为工会队伍注入活力。

3. 充分发挥教代会作用，全面落实各项权利

在教代会进行过程中，教代会代表要积极主动听取校长的年终总结报告、下年度工作计划，对涉及教职工切身利益的重大事项提出自己的意见和建议。教代会还应对学校教职工的岗位责任、聘任、干部教师奖惩、工资发放等方案，教职工职业道德规范实施细则，教职工纪律工作要求具有审议通过权，对一些不利于学校进步和发展的制度、决定、防范提出不同的意见和建议。工会还要积极参与现代大学的治理工作，深化教代会民主评议干部制度，并在实践中不断完善。工会还应及时改进工作思路和工作方法，借鉴优秀经验，通过建立专题会议制度、党政联席会议制度、依法听证制度等，将这些制度纳入教代会制度中，纳入党政工作议事日程中，及时讨论和解决教职工普遍关心的热点和难点问题。此外，还应积极争取职能部门的支持与配合，达到全面铺开、共抓落实的效果，要建立激励机制，推进工会工作高效发展，使工会民主管理工作更加深入、扎实和有效。

第四章　发挥地方高职院校工会的桥梁纽带作用

第一节　坚持党的群众路线

一、坚持党的群众路线的重要性

工会作为党领导下的工人阶级的群众组织，作为党联系群众的桥梁和纽带，必须自觉坚持和贯彻党的群众路线，牢固树立基层观点、群众观点，把做好党的群众工作作为工会工作的重要组成部分，扎扎实实地团结和组织广大职工群众为党的奋斗目标积极工作。

各级教育和学校工会要始终坚持教职工群众的主体地位，牢固树立以教职工为本的观点，切实增强全心全意为教职工服务的意识，深入教学、科研和管理一线，深入教职工群众，准确把脉教职工群众的所思所想、所需所求，审时度势，科学把握创新的方向和切入点，在团结带领广大教职工同心协力推动教育综合改革和学校发展的同时，也为工会工作的创新发展注入源头活水。

（一）增强推动工会创新发展的责任感

工会工作的本质就是做职工群众的工作，这是党的群众路线的重要组成部分。地方高职院校工会要把对党负责更多地体现在联系和服务教职工上，通过实现好、维护好、发展好广大教职工群众的合法权益，增强工会对教职工群众的凝聚力和向心力，把教职工群众紧密团结在党的周围，听党话，跟党走，夯实党执政的阶级基础和群众基础。

地方高职院校工会要想履行好党赋予的神圣职责，就要把工会工作根植于教职工中，要深入基层、深入实际，主动把工会工作融入教育改革和学校发展大局中，找准党政所盼、教职工所需、工会所能的结合点，努力探索符合中央要求、富有学校特色、切合教职工需求的工会工作新路子，实现工会工作的先进性。

（二）把握推动工会创新发展的切入点

广大工会领导干部要做职工最可信赖的"娘家人"，关键的方法就是将重心下移，深入基层调查研究，走近教职工，倾听其心声。只有真正了解教职工的实际需求，真正发现教职工遇到的困难和问题，才能把教职工的事当成自己的事，把教职工的困难当成自己的困难，才会多从教职工的角度思考问题，才能根据教职工的需求和遇到的实际困难，不断探索、实践和创新工作方法。唯有这样，才能准确把握推动工会创新发展的切入点和着力点。

（三）打造推动工会创新发展的主力军

广大基层工会干部是工会工作创新发展的建设者和参与者，占据着推动工会创新发展的主体地位，他们的道德文化素养、思想政治素质、服务能力和水平决定着工会创新发展的成效和水平。坚持党的群众路线，就要不断深化"面对面、心贴心、实打实"服务职工在基层的成效，建立服务教职工的长效机制，建立健全工会干部的调查研究和联系学校制度，努力把工会工作的重心放到学校工会，放到广大教职工群众中去开展。在服务学校、服务教职工的广阔天地中破除行政化、机关化倾向，纠正形式主义、官僚主义、享乐主义和奢靡之风，增强广大的工会干部对一线教职工的感情，造就一支听党话、跟党走、教职工群众依赖的工会干部队伍。

二、全心全意为教职工服务

全心全意为职工群众服务，是工会工作的崇高宗旨，也是工会组织和工会干部履行维护职能、服务职工群众的出发点和落脚点。

（一）在思想上始终尊重教职工

党的根本宗旨是全心全意为人民服务。工会组织是党领导的职工群众组织，工会的一切工作都要体现竭诚为职工群众服务这一根本要求。

地方高职院校工会领导干部要以"两学一做"为契机，深入学习党章党规，学习习近平系列重要讲话精神，时刻牢记党的宗旨，牢固树立马克思主义群众观点，始终践行党的群众路线，心里始终装着教职工，思想上始终尊重教职工，为践行群众路线奠定坚实的思想基础。

（二）在感情上真诚贴近职工

"要更多关注、关心、关爱普通群众，进万家门、访万家情、结万家亲，经常同群众进行面对面、手拉手、心贴心的零距离接触，增进对群众的真挚感情。"要真正把教职工当成自己的亲人，时刻把教职工群众的安危冷暖放在心上，竭诚为他们排忧解难。要坚持深入学校，密切联系教职工，真诚倾听教职工的呼声、反映教职工的愿望、表达教职工的诉求、维护教职工的权益，把好事、实事真正办到教职工心坎上。

（三）在行动上切实服务职工

要结合教育改革和学校发展实际，结合教职工的工作和生活实际，采取具体措施，帮助教职工解决工作、生活中遇到的困难和问题。要不断完善服务教职工的机制和渠道，把服务领域从物质帮助、生活救助拓展到提供更高水平的精神性、文化性、发展性服务上，推动服务教职工工作常态化、长效化、机制化，使学校发展的成果更多、更公平、更广泛地惠及每一个教职工。

三、发挥教职工的主力军作用

（一）充分体现教职工的主人翁地位

全心全意依靠工人阶级是党根本指导方针，这就要求在教育改革和学校发展上，在教职工的权益维护和利益实现上，充分体现教职工的主人翁地位。要畅通教职工源头参与渠道，保障教职工依法参与学校民主管理和监督的权利。要加强以教职工代表大会为基本形式的学校民主管理校务公开制度建设，切实保障教职工的知情权、参与权、表达权和监督权。要进一步激发广大教职工的主人翁意识，调动他们的主动性和积极性，凝聚他们的智慧和热情，促进学校民主决策、科学决策、科学发展。

（二）充分发挥教职工的主力军作用

全面建成小康社会，实现中华民族伟大复兴的中国梦，广大教职工是无可取代的主力军。要充分发挥工会"大学校"作用，大力培育和践行社会主义核心价值观，深入开展教职工技能素质提升活动，建设学习型、技能型、创新型的"四有"教职工队伍，发展工人阶级先进性。要围绕实现中华民族伟大复兴的中国梦和"两个一百年"奋斗目标，组织动员广大教职工在教育综合改革和学校的创新发展中大显身手，充分发挥广大教职工的主力军作用。

（三）充分尊重教职工的首创精神

工会组织要坚持工作重心下移，深入开展调查研究，真实了解教职工群众所想、所愿、所盼，把教职工是否满意作为衡量工作的最高标准，确保每一项决策、每一个举措都符合教职工的意愿和要求。尤其重要的是，要充分尊重教职工的首创精神，充分汲取教职工群众的智慧，善于发现和挖掘教职工群众和工会干部的创新举措，通过归纳提炼，总结提升，使之成为推进工作的有效措施。要注重做好培养和宣传教职工先进典型和先进集体的工作，以此调动和激发教职工工作的主动性、积极性和创造性，使其始终做坚持中国道路的杜石、弘扬中国精神的楷模、凝聚中国力量的中坚，为实现中国梦提供强大正能量。

四、创新工会工作思路和方法

创新是一个民族进步的灵魂，是一个国家兴旺发达的不竭动力。创新也是工会工作的灵魂，更是工会工作科学发展的力量之源。当前，我国正处于改革发展的重要时期，经济体制深刻变革，社会结构深刻变化，利益格局深刻调整，思想观念深刻变化，不同职工群体的利益诉求、利益表达和维护方式都发生了巨大变化，工会履行职能面临一系列新情况、新问题。这就需要工会组织和广大工会干部进一步增强责任感和使命感，顺应时代要求，适应社会变化，以勇于创新的精神和勇气，创造性地做好新形势下的工会工作。

（一）创新工会组织体制和运行机制

要紧紧围绕党提出的全面建成小康社会，实现中华民族伟大复兴的中国梦的新战略、新部署、新要求，紧扣为实现中国梦而奋斗这一我国工人运动的时代主题，始终坚持党的领导，坚持中国特色社会主义工会发展道路。要围绕全面深化改革的新要求、全面建成小康社会的新任务，回应职工群众的新期待，坚持"一切为了群众、一切依靠群众"，坚持"从群众中来，到群众中去"，振奋精神、真抓实干，不断推动工会工作理论创新、组织体制创新、运行机制创新，努力开创工会工作新局面。

（二）增强工会组织吸引力

只有最大限度把职工组织到工会中来，工会作用才能得到更好的发挥。要坚持党建带工建、工建服务党建，坚持以民办学校为重点单位，按照"两个普遍"的要求，进一步扩大工会组织和工会工作在民办学校的覆盖面，把广大教职工团结到工会组织中来，切实代表和维护广大教职工的合法权益，充分做好教育引导和沟通协调工作，努力化解矛盾、凝聚人心。要加强基层工会组织建设，提高工会干部维护和服务教职工的能力和水平，充分发挥工会作用，不断增强工会的凝聚力、影响力和吸引力。

（三）加大源头维护的力度

维护职工合法权益是工会组织的神圣职责和安身立命的根本。创新地方高职院校工会工作要坚持把维护和服务教职工作为第一要务，把教职工呼声作为第一信号，把教职工需要作为第一选择，把教职工满意作为第一标准，不断提高工作的针对性和实效性。要进一步加大源头参与的力度，推动校务公开民主管理普遍深入地实施，团结和代表广大教职工参与涉及学校发展改革和教职工切身利益的重大事项的研究和决策，参与学校改革方案的讨论和制定工作，充分反映广大教职工群众的意见和合理要求，从源头上表达和维护教职工的合法权益。要依法建立由行政、工会、教职工代表组成的劳动人事争议调解机制，推进民办学校开展以工资集体协商为重点的平等协商集体合同制度建设，实现集体协商制度化、规范化、长效化。要加强劳动争议调解工作，完善劳动争议预防、预警、调处、援助一体化机制，把劳动关系矛盾化解在萌芽状态。

五、把握廉洁从政的根本要求

勤俭节约、艰苦奋斗、廉政为民是我们党执政为民价值观的具体体现，也是地方高职院校工会领导干部工作、思想和生活作风的基本要求。改进地方高职院校工会工作作风，必须牢牢把握廉洁从政的基本要求，大力弘扬艰苦奋斗的优良传统和作风。

（一）从严治会，建章立制

制度带有根本性、全局性、稳定性和长期性。反对和纠正"四风"，制度建设是首要任务。要严格执行中央改进工作作风、密切联系群众的"八项规定"，把监督规定执行作为经常性工作抓紧抓实。要建立完善工会经费收、管、用制度，从源头上加强制约和监督，把权力关进制度的笼子里。要建立完善工会干部联系教职工制度、学习制度、服务基层制度等，坚决执行制度不走样，推动工会干部养成艰苦奋斗良好作风。

（二）以身作则，率先垂范

"打铁先要自身硬"，廉洁自律、清廉从政是一种高尚的品格，也是衡量地方高职院校工会干部素质、机关作风的重要标准。地方高职院校工会干部，特别是领导干部要牢固树立正确的权力观、事业观、利益观，把为民务实清廉的价值追求深深根植于思想和行动中，以身作则，严于律己，一身正气。

要认真贯彻中央"八项规定"，对宪法法律、党纪党规常怀敬畏之心，注重自省、自警、自励，克服贪图享乐思想，筑牢杜绝奢靡防线，以模范的思想和行动，为广大工会干部和教职工群众带好头、做好表率。

（三）选树典型，弘扬正气

各级教育和学校工会要把宣传、培养和发现先进教职工典型作为一项重要工作任务来抓紧抓好。一方面，要大力弘扬劳模精神，引导教职工崇尚劳模、学习劳模、争当劳模，积极参与并在学校改革发展的实践中始终保持奋发向上的精神面貌。另一方面，要善于总结发现先进典型，积极培养选树教职工先进集体和先进典型人物，并以先进模范典型为榜样，使教职工自觉把廉洁从政、艰苦奋斗、弘扬正气作为一种政治觉悟，始终保持奋发有为的状态。

第二节　密切联系教职工群众

以"一切为了群众、一切依靠群众，从群众中来，到群众中去"为核心内容的群众路线，是我们党根本的政治路线和组织路线。工会工作是党的群众工作的重要组成部分，密切联系职工群众是工会的最大优势，也是工会生存发展的根本条件，是全部工会工作的生命线。

在进入全面建成小康社会、实现中国梦的新形势下，坚持中国工会的性质，执行党的群众路线，扎实做好职工群众工作，是摆在各级工会组织和广大工会干部面前的重大政治任务。工会组织必须继续发扬密切联系职工群众这一优良传统和作风，把竭诚为职工群众服务作为工会一切工作的出发点和落脚点。

密切联系职工群众，是加强工会能力建设、做好新形势下职工群众工作的一个根本措施、基本方式和有效载体。因此，必须使密切联系职工群众常态化和长效化，把行之有效的做法提炼上升为制度规范，并贯穿于各级工会组织和广大工会干部的日常工作，切实把中央关于做好新形势下群众工作的部署落到实处。

一、密切联系职工群众的重要性

（一）走中国特色社会主义工会发展道路的必由之路

坚定不移地走中国特色社会主义工会发展道路，密切联系职工群众是重要的着力点、落脚点、结合点和必由之路。工会组织只有密切联系广大职工群众，把职工群众作为服务对象和依靠力量，充分调动他们加入工会和参与工会活动、支持工会工作的热情，工会组织的凝聚力和吸引力才能不断增强，工会组织作为党联系职工群众的桥梁纽带作用、国家政权的社会支持作用、职工群众利益的代表者和维护者作用才能充分发挥，才能夯实党执政的阶级基础和群众基础。

（二）维护和服务教职工群众的迫切需要

广大地方高职院校工会干部要密切联系教职工群众，牢固树立群众观念，不断强化服务手段，切实提高服务能力，努力为教职工做好事、办实事、解难事，并以教职工参与度来检验工作成效，以教职工评价满意度来衡量工作水平。只有在思想上牢记教职工，在工作上依靠教职工，在决策中尊重教职工，在行动上始终维护和服务教职工，才能充分体现教职工在工会工作中的主体地位，让职工群众真正感受到工会是"职工之家"，工会干部是最可信赖的"娘家人"。

（三）工会组织生存和发展的坚实基础

工会是党领导下的工人阶级群众组织，广大职工群众是工会生存和发展最坚实可靠的基础，是工会组织的真正主体。工会开展一切活动，都必须从职工群众的愿望和利益出发，失去了职工群众，脱离了职工群众，工会组织就失去了存在的根本依靠。因此，工会组织只有密切联系职工群众，尊重职工群众意愿，赢得职工群众信任，才能把广大职工组织起来、团结在党的周围，使其听党话，跟党走，夯实党执政的阶级基础和群众基础，才能真正保持和发展工会组织的政治性、先进性和群众性，团结动员广大职工在实现中国梦的伟大进程中发挥主力军作用。

（四）当前形势对工会组织的必然要求

随着我国全面改革的深化，经济体制深刻变革，社会结构深刻变动，利益格局深刻调整，职工队伍也发生了深刻变化。职工队伍不断发展壮大，新一代青年职工成为职工队伍的主体，职工队伍内部构成进一步复杂化。职工的思想观念发生了深刻变化，独立性、选择性、多变性、差异性明显增强，实现自我价值、要求更多民主的呼声日益强烈。劳动关系也发生了深刻变化，职工维护自身权益的诉求日趋多样化、多元化和复杂化，劳资矛盾时有发生。这就要求工会组织必须密切联系职工群众，坚持从群众中来，到群众中去。一是要充分发挥桥梁纽带作用，将党的方针政策及时传达给职工群众，统一思想，凝聚共识，调动和激发职工群众的积极性、主动性和创造性，团结带领职工群众弘扬正能量，当好主力军。二是要深入了解和准确把握职工群众最关心、最直接、最现实的利益问题，职工群众最困难、最操心、最忧虑的实际问题，推动其困难与问题得到及时有效的解决，切实履行维护职能，真情做好服务工作，使工会工作更好地适应形势发展的需要。

二、切实转变思想观念

当前，在社会利益呈现多元化、人的价值取向也复杂多样的态势下，党群干群关系面临许多严峻考验，学校管理难度日益增加，工会工作也面临新的挑战，迫切需要广大工会干部切实转变思想观念，打破传统思维模式，努力推动工作创新发展。

（一）树立勇于担当的责任意识

广大教育和学校工会干部，尤其是领导干部要不断强化勇于担当的责任意识，要坚持把群众路线作为工会工作的生命线和根本工作路线，把工作重心放在最广大的普通职工身上，把群众的期盼放在心里，落实到行动上，实实在在为教职工办实事、做好事、解难事。

（二）树立超越自我的忧患意识

近年来，学校工会工作在工作覆盖面、职工影响力、工作创新性等方面还不能很好适应教育改革和学校发展的需要，尤其针对现在年轻教职工工作生活多元化、个性化需求多元化等特点，工会工作的针对性还不够强。广大地方高职院校工会干部对此要有清醒认识，要树立忧患意识，自觉运用改革精神谋划推进工会工作，与时俱进地维护好教职工的合法权益。

（三）树立促进和谐的大局意识

在推动教育综合改革，促进教育事业发展的进程中，广大教职工发挥着主力军的作用，但与此同时，由于事业单位改革的全面深入及绩效工资政策的实施等，广大教职工也面临着个人待遇、利益调整等一些实际困难的考验。各级教育和学校工会围绕发展这一中心任务，要坚守工会工作的主战场，要坚持促进和谐的大局意识，坚持促进学校发展，维护教职工权益的原则。一方面，要加强教育和引导，凝聚教职工对学校改革发展的共识，激发和保护教职工的工作积极性，踊跃投身学校改革创新的实践。另一方面，要把竭诚为职工群众服务作为工会一切工作的出发点和落脚点，坚决履行维护职工合法权益的基本职责，在促进学校和谐工作中发挥工会的积极作用。

三、改进完善工作方法

（一）了解教职工工作生活实际

做好任何一项工作的首要前提就是调查了解实际情况，做到心中有数，胸有成竹。深入调查了解教职工的工作、生活实际情况，是密切联系教职工群众的前提和基础。为此，必须完善深入基层、深入教职工工作和生活实际的长效机制。要真正深入基层，亲近教职工，创造和坚持切实可行、行之有效的办法与形式，使联系教职工经常化、制度化。工会干部应定期深入一线倾听教职工的意见；建立领导接待日，直接处理重要的来信、来访；开通主席公开电话或维权热线电话，及时答复广大教职工提出的意见和要求；完善定期与职工协商对话制度，开展双向交流，沟通情况；构建畅通的信息网络，及时、准确、全面地把握广大教职工工作生活等各方面的实际情况和思想动态；统筹做好基本情况调研、重大问题专题调研工作，充分吸取广大教职工的智慧，考虑职工群众利益和承受能力。使学校和工会工作在做决策、定政策时更接地气。

（二）凝聚教职工发展共识

在制定政策或开展活动时，要尽可能争取学校各部门和广大教职工的理解和支持，努力找准促进学校发展和维护教职工权益之间的平衡点和结合点。一方面，要积极争取学校党政和有关部门对工会工作的理解和支持。另一方面，要不断完善职工利益诉求表达和反馈机制，尽力把教职工的呼声通过一种长期的、稳定的、畅通的渠道直接传递给决策层，并将决策层的处理决定及时地反馈给教职工，建立有效的沟通协调机制，从而凝聚教职工改革发展的共识，形成推进学校发展的强大合力。

（三）维护和服务教职工群众

教育和学校工会要充分发挥教职工利益代表者和维护者的作用，重要前提之一是要完善为教职工群众办实事的服务机制。只有把为教职工群众办实事作为工会加强和改进新形势下服务教职工群众的重要内容并长期坚持下去，形成长期、有效的机制，才能真正赢得教职工群众的信任。因此，工会组织和工会干部要切实转变工作作风，以为教职工办实事为切入点，积极建立各项服务教职工群众的制度与平台，努力满足教职工群众的经济、政治、民主和精神文化需求，使教育事业发展的成果更多、更公平地惠及全体教职工。

四、转变思想工作作风

维护教职工的利益是工会的首要职能，如果工会不能代表教职工的利益，不为广大教职工排忧解难，就得不到教职工的信赖和支持，就会脱离群众。

教育和学校工会干部要以党的群众路线教育实践活动、"三严三实"专题教育和"两学一做"学习教育为契机，牢固树立群众观念和责任意识，切实转变思想工作作风，在感情上与教职工拉近距离，在思想上与教职工产生共鸣，在工作中积极主动服务，服务时热情周到，认真履行工会各项职能。在服务教职工的过程中，要狠抓自身思想和作风建设，充分发挥积极作用，为教职工群众办实事、解难事，切实把党的温暖和关怀落到实处。要继续深化"面对面、心贴心、实打实"服务职工在基层活动。一是与教职工交流要零距离，做到服务教职工面对面。工会干部要怀着对教职工的深厚感情，与教职工面对面交流，以心交心。二是对教职工要以诚相待，要关注教职工的思想动态和心理健康状况，做好思想政治工作和心理疏导，做到关爱教职工心贴心。三是要找到服务教职工的着力点和切入点，为教职工办实事，使工作真正符合教职工的要求，得到教职工的认可，做到实打实惠及教职工。

学校工会面临新的形势、新的任务，要求广大工会干部紧密围绕和服务于教育改革大局和学校发展的中心工作，认真履行职责，不断加强自身建设，努力开拓进取，探索新思路，采取新举措，取得新突破，创新和发展工会工作，充分发挥党联系教职工的桥梁和纽带作用、国家政权的社会支柱作用、教职工利益的代表者和维护者作用，为教育改革和学校发展做出更大贡献。

第三节　贯彻以教职工为本的理念

全心全意为人民服务是党的根本宗旨，党的一切奋斗和工作都是为了造福人民。要始终把实现好、维护好、发展好最广大人民的根本利益作为党和国家一切工作的方向，尊重人民主体地位，发挥人民首创精神，保障人民各项权益，走共同富裕道路，促进人的全面发展，做到发展为了人民、发展依靠人民、发展成果由人民共享。

培养党和人民满意的好老师是实现中华民族伟大复兴中国梦的重要保障。以维护和服务教职工为基本职责的教育和学校工会，应该坚持以教职工为本，为教职工服务，为维护教师权益、促进教师成长发展提供全方位的支撑保障。

一、坚持以教职工为本的意义

（一）坚持以教职工为本是教育事业发展的有力保证

教师是发展教育事业的骨干力量，对学生的学习、成长和身心发展等都具有主导作用，一所学校能否卓有成效地完成培养中国特色社会主义事业建设者和接班人的任务，关键在教师。地方高职院校工会坚持以教职工为本，要进一步激发广大教师投身教育综合改革的积极性、主动性、创造性，保障教师合法权益，进一步提高教师的职业地位和吸引力。要切实改善教师待遇，关心教师健康，维护教师权益，保障教师地位，让他们切身感受到党和国家的关心、重视和温暖，增强他们作为主人翁的自豪感和责任感，不断优化教师成长发展的人文环境，鼓励和引导广大教职工把全部精力和满腔热情奉献给党的教育事业。

（二）坚持以教职工为本是地方高职院校工会创新发展的基本要求

以教职工为本，是教育和学校工会创新发展的方向所在。以教职工为本，要求工会在工作中要着眼于教职工，着眼于对广大教职工日益增长的物质和精神文化需求及自身发展需要的满足；以教职工为本，要求工会把教职工的全面发展理念运用到不断提高教学、科研和管理中最活跃因素的人的素质上；以教职工为本，还要求把执政为民的理念体现在工会为教职工切实解决实际问题上，实现教职工的愿望，满足教职工的需要，维护教职工的根本利益；以教职工为本，更要求尊重教职工，赋予他们更多的权利，使他们获得更多资源，激发他们创造的激情和动力。

（三）坚持以教职工为本是地方高职院校工会履行职责的重要内容

维护教职工的合法权益，关心教职工生存状态、衣食冷暖，是体现工会工作以教职工为本的重点。只有树立一切为了教职工群众的思想观念，把关注教职工的工作、生活和发展始终放在第一位，想问题、办事情心里都时刻装着教职工、想着教职工，关心教职工的疾苦，倾听教职工的呼声，时刻把教职工的冷暖放在心上，才能充分发挥工会组织的优势，履行好维护职责，让教职工群众满意，让党组织放心，才能把教职工群众紧密团结在党的周围，切实发挥工会的桥梁纽带作用。

二、坚持以教职工为本的理念

知识经济时代是一个创新的时代，技术在创新，管理在创新，制度在创新，观念也在创新。而思想观念的创新，更带有根本性和基础性。

必须以实现好、维护好、发展好广大教职工的根本利益为工会工作的指导思想，切实转变管理理念，使各项制度、规范、程序突出对教职工的情感和人文关怀，把以教职工为本，维护和服务教职工的理念贯彻落实到工会干部的思想和行动中，依法保障、维护教职工的合法权益，关心教职工生活，努力改善教职工工作生活条件，为教职工的愉快工作服务，为教职工的幸福生活服务，为教职工的成长发展服务，调动广大教职工的积极性、创造性，努力构建和谐教育，促进教育事业更快更好地发展。

三、培养教职工的主人翁意识

教职工是推动学校改革发展的主体和依靠，他们工作的态度、工作的质量、工作的方法，直接影响到学校的教育教学质量。因此，要想办好学校必须全心全意依靠教职工，充分发挥他们的积极性、主动性和创造性，着力培养他们的主人翁意识，增强他们的责任感和使命感，引导他们积极投身教育改革，促进学校的发展。

随着我国改革开放和教育综合改革的全面深入，各级学校的发展迎来了良好的机遇，也面临着诸多的挑战。这些机遇和挑战也不可避免地影响了广大教职工的思想和工作状态。因此，必须通过深入细致的思想教育和引导，让教职工认识到，只有学校得到发展，教育质量得到全面提高，他们的合法权益和自身的发展才能从根本上得到保障。要着力培养教职工的主人翁意识，树立"学校是我家，发展靠大家"的理念，认清肩负的使命和责任，构建学校与教职工的利益共同体、命运共同体，充分调动和激发教职工工作的积极性、主动性和创造性。

四、建设高素质的教职工队伍

经济社会的飞速发展使得广大教职工对自身发展有了更强烈的期盼，教育综合改革的深入对广大教师提出了越来越高的要求。教育和学校工会应顺应形势发展的需要，按照习近平提出的党和人民满意的好老师的"四有"标准，进一步加强教职工队伍建设。

（一）增强学习的自觉性

工会要加强宣传、教育和引导，使广大教职工深刻认识到提高自身素质是提升自己的竞争能力和生存能力，更好适应经济社会发展和教育综合改革的现实需要和当务之急，是对教职工根本利益最根本、最长效的维护，从而使其树立终生学习的理念，在积极参与学校组织业务培训、教学技能竞赛、教学研讨等素质提升活动的同时，不断增强学习的自觉性。

（二）开展法治宣传教育

工会要按照教育部和全国总工会的关于深入学习贯彻党的十九大和十九届二中、三中、四中、五中、六中全会精神的要求，组织教职工深入学习贯彻落实党的十九大和十九届二中、三中、四中、五中、六中全会精神，学习《中华人民共和国教师法》《中华人民共和国义务教育法》《中华人民共和国教育法》《中华人民共和国劳动法》《中华人民共和国工会法》等与教育教学相关的法律知识，坚持以法治教，以法治校，不断提高广大教职工的法律意识和尊法、学法、守法、用法的意识。

（三）建设"四有"教师队伍

当前，我国正在努力实现"两个一百年"奋斗目标和中华民族伟大复兴的中国梦。伟大奋斗目标、伟大梦想的实现归根到底要靠人才，而人才的培养归根到底要靠教育、靠教师。工会要发挥自身优势，积极协助教育行政部门和学校通过培育高尚师德、加大教师培养培训力度、改革教师管理制度、加强以教代会为基本形式的学校民主管理制度建设、保障教师合法权益等措施，进一步加强教师队伍建设。

五、做好服务教职工工作

（一）关心教职工的身心健康

要尊重教职工的人格和权利，关心教职工的工作心态、适应心态和生活心态。有条件的地方和学校可开设教职工心理咨询室，配备专兼职心理咨询教师，通过开设心理辅导讲座、组织学习教师心理健康知识、开展心理疏导等活动，帮助广大教职工树立理性平和、积极向上的心理品质和社会心态。要关心教职工身体健康，建立健全教职工身体健康档案和定期体检制度，制订教职工强身健体计划并认真组织实施。

（二）切实保护女教职工的特殊权益

要关心女教职工的工作和生活，维护好女教职工的特殊权益。女教职工生育，学校要看望、慰问。妇女节要组织必要的庆祝活动并安排女教职工休息半天。居住地离学校较远的女教职工一般不安排晚上工作加班。对处于孕期、产期、哺乳期的女教职工要予以必要的照顾。

（三）关心教职工的工作和生活

根据法律规定和教育工作实际，学校要合理安排教职工的工作时间，国家规定外的工作时间安排，要经过教代会讨论通过。早、晚工作时间的安排既要服从工作需要，也要尊重教职工个人意愿。要考虑教职工家庭生活的实际，居住地离学校较远的教职工一般不安排晚上上班，确需加班的，要保证教职工交通和人身的安全。要逐步改善教职工工作条件，教职工办公用品要符合科学、健康标准，积极创造条件实现教职工办公的信息化、自动化。民办学校要杜绝拖欠和变相拖欠教师工资现象，不得随意克扣教职工的工资，对延长工作时间的和节假日加班的教职工要依法落实加班费。要按照国家规定，缴纳养老、医疗、失业保险和住房公积金等。

要关心教职工的日常家庭生活。要建立走访慰问教职工制度，及时准确了解教职工家庭生活状况，对教职工本人或其父母、配偶生病住院或者其他重大变故要给予关心、慰问。要关心教职工子女入托、入学问题，帮助其解决困难，关心青年教职工住房、就餐、婚姻等问题，还要注重关爱教职工队伍中的特殊群体。

（四）建立完善教职工帮扶机制

要建立和完善困难教职工帮扶机制，拓宽帮扶救助渠道，实现工会帮扶救助和送温暖活动的长期化、经常化和制度化，为广大教职工解除后顾之忧。要关爱教职工队伍中的特殊群体，关心农村特别是贫困山区教职工、因病或其他原因造成生活困难的教职工、少数民族教职工、从事特殊教育的教职工。要坚持开展"送温暖"活动，建立困难教职工档案，每年教师节、春节前，教育行政部门和学校都要深入开展"送温暖"活动，帮助困难教职工解决实际困难。

（五）建立关心服务教职工的领导责任制

关心教职工生活是各级教育行政部门和学校每一个领导干部的重要职责之一，要根据干部、教职工管理权限建立关心服务教职工的责任制，成立关心服务教职工领导小组，并将此项内容作为对领导干部考核评价的重要内容之一。还应建立领导干部联系点制度。教育行政部门和学校领导干部要建立联系点，定期深入基层，深入教职工，倾听基层教职工的声音，关心教职工的困难，帮助解决实际问题。同时，还要发挥好地方高职院校工会热线电话、邮箱、手机应用软件等现代网络技术的作用，与广大教职工建立直接联系的快捷通道。

各级教育行政部门和学校领导要认真落实《中华人民共和国工会法》规定的人均工资2％的工会经费标准，账户单列并及时划拨到位，保障工会经费的落实。同时要积极筹措资金，保障教职工的正常福利待遇。要进一步提高认识，通过多种形式做好宣传工作，把关心教职工生活作为本职工作抓实抓好。要对工作成绩突出的典型予以表扬，对工作不力、造成干群关系紧张的进行批评教育，追究责任，努力在教育系统营造愉快工作、幸福生活、和谐发展的良好氛围。要建立和完善困难教职工帮扶机制，拓宽帮扶救助渠道，实现工会帮扶救助和送温暖活动的长期化、经常化和制度化。

六、开展业余文体活动

广泛开展丰富多彩的业余文体活动，维护教职工的精神文化权益，积极推进学校精神文明和学校文化建设，是贯彻以教职工为本理念的重要平台和手段。学校要为教职工的文体活动提供必要的条件，所有学校都要建立"教职工之家"并将其作为教职工活动的场所。教育行政部门、地方高职院校工会要定期对各校建家情况进行检查、评估，促进建家工作，以丰富教职工的精神文化生活，维护教职工的精神文化需求。一方面，在工会工作中要坚持以教职工为本，把制度化管理同人性化管理结合起来，营造有利于激发职工主观能动性的和谐文化氛围，调动一切积极因素，共同实现学校发展目标。另一方面，要适应教职工开展多元化文体活动的需要，积极组织教职工开展各种丰富多彩、生动活泼、喜闻乐见、健康向上的文化体育活动，为教职工搭建展示才华的平台，帮助其宣泄心理压力、加强沟通交流、增强团队凝聚力，并不断丰富教职工的精神文化生活。

第五章　加强地方高职院校教职工之家建设

第一节　加强教职工之家建设的重要意义

一、新形势下发挥工会桥梁纽带作用的迫切需要

"两个一百年"的奋斗目标，对工会工作提出了新的更高的要求。工会直接联系和服务职工群众，是党联系职工群众的桥梁和纽带，是工会全部工作的基础。工会是落实工会各项工作的组织者、推动者和实践者，更是职工利益的代表者和维护者。新形势下加强基层工会建设，是团结带领职工群众听党话，跟党走，巩固党执政的阶级基础和群众基础的必然要求，是动员广大职工积极投身改革、实现"两个一百年"的奋斗目标，实现中华民族伟大复兴的中国梦的迫切需要，是服务职工、维护职工合法权益、构建和谐劳动关系的重要保障，是加强工会自身建设、增强工会组织活力、推进国家治理体系和治理能力现代化的客观要求。

二、加强和改进基层工会工作的当务之急

近年来，各级工会主动适应企事业组织形式、职工队伍结构和劳动关系的变化，始终把抓基层、打基础、增活力作为重点工作，在维护职工合法权益、构建和谐劳动关系、推动经济社会发展中发挥了重要作用。但从总体上看，基层工会工作与形势任务的要求、党中央的重托和职工群众的期盼仍有较大差距，主要表现在：工会组建工作与企业快速发展、组织形式多样化的特点不相适应；工会会员发展和管理与职工队伍迅速壮大、内部结构的深刻变化不相适应；工会组织体制、运行机制与基层工会工作创新发展的迫切需要不相适应；工会活动的内容方式与职工群众多样化的需求不相适应；工会

干部队伍建设与基层工会所承担的工作职责不相适应；为基层工会提供的指导服务保障与基层工会面临的繁重任务不相适应。

习近平总书记在党的群团工作会议上指出，对党的群团工作取得的显著成绩，必须充分肯定，同时必须注重解决存在的问题，特别是要重点解决脱离群众的问题。

因此，针对存在的不足和要解决的问题，以自我革新的勇气，在工会组织中深入推动思想教育、问题整改、体制创新，转变思想观念，强化群众意识，改进工作作风，以职工满意不满意、工会作用发挥充分不充分为标尺，全面加强新形势下基层工会建设，深入开展建家活动，提高工作水平，成为新形势下加强和改进基层工会工作的当务之急。

第二节　加强教职工之家建设的总体要求

各级工会一定要从党和国家工作的大局出发，牢牢把握为实现中华民族伟大复兴的中国梦努力奋斗这个中国工人运动的时代主题，进一步增强大局意识、责任意识，充分认识进一步加强建家工作的重要性和紧迫性，适应加快经济发展方式转变的新要求，团结动员广大教职工大力弘扬劳模精神和工人阶级的伟大品格，明晰建家新思路，提出建家新举措，实现建家新发展，在推动经济发展、维护教职工权益、服务教职工群众、维护教职工队伍和社会稳定中发挥作用。

一、指导思想

要以马列主义、毛泽东思想、邓小平理论、"三个代表"重要思想、科学发展观、习近平新时代中国特色社会主义思想为指导，全面贯彻党的十九大和十九届二中、三中、四中、五中、六中全会精神和中国工会十七大精神，以增强工会组织的吸引力凝聚力为目标，大力推进教育和学校工会建设和教职工之家建设，充分发挥教育和学校工会组织在服务改革发展、维护教职工权益中的重要作用，使工会组织真正成为广大教职工群众信赖的教职工之家，使工会干部真正成为教职工信得过、靠得住、离不开的知心人、贴心人和"娘家人"。

二、基本原则

要坚持围绕党和国家工作大局，充分激发广大教职工劳动热情和创造活力，在实现中华民族伟大复兴中国梦的进程中发挥工人阶级主力军作用，坚持把竭诚服务教职工、发展教职工利益作为一切工作的出发点落脚点，主动、依法、科学维权，帮助教职工解决最关心、最直接、最现实的利益问题和最困难、最操心、最忧虑的实际问题，促进改革成果更多、更公平地惠及教职工群众，坚持以教职工为本，尊重教职工的主体地位，发挥教职工会员在建家中的主体作用，组织教职工自我服务、自我管理，依靠教职工办工会，将工会作用发挥充分不充分、教职工群众满意不满意作为衡量建家成效的标尺，坚持统筹共建，借势借力，整合资源，齐抓共建，形成党组织统一领导、行政积极支持、工会具体实施、各方相互配合、教职工热情参与的建家工作格局，坚持与时俱进，适应形势发展，把握教职工需求，尊重基层实践和创造，及时总结新经验、推广新做法，不断赋予建家新内容，注入新活力，使建家活动常建常新，始终保持强大的生命力。

三、总体目标

通过深化教职工之家建设，进一步夯实基层基础，不断扩大工会工作覆盖面，最广泛地把教职工群众组织到工会中来、吸引到工会活动中来，使工会工作更加贴近实际、贴近基层、贴近教职工，更加符合教职工群众意愿。进一步推动各级各类学校工会组织建成合格教职工之家，并积极争创模范教职工之家，同时涌现一大批优秀工会干部，努力把各级学校工会建设成"组织健全、维权到位、工作规范、作用明显、职工信赖"的名副其实的教职工之家。

第三节 加强教职工之家建设的基本要求

一、健全组织体系

基层工会委员会、经费审查委员会、女教职工委员会组织健全，按时换届选举，单独设置工会工作机构，依法独立自主开展工作，依法进行工会法人资格或工会法人代表变更登记，工会主席（副主席）的产生、配备符合有关规定，教职工 200 人以上的学校依法配备专职工会主席，按不低于教职工人数千分之三的比例配备专职工会干部，加强工会积极分子队伍建设，加强会员会籍管理，教职工（含农民工、劳务派遣工）入会率达到 85％以上。

二、促进科学发展

围绕加快经济发展方式转变、促进教育综合改革，深入开展多种形式的争先创优建功立业活动，持续形成劳动竞赛热潮，深入开展以增强自主创新能力为重点、以合理化建议和"五小"活动为内容的教职工技术创新活动和"我为节能减排做贡献"活动，推动学校教育教学又好又快发展，加强劳动模范（先进工作者）的培养、评选、表彰、宣传和管理，激励教职工立足岗位、勇创佳绩。

三、履行维权职责

建立和完善以教职工代表大会为基本形式的民主管理制度，推行校务公开，着力解决涉及教职工切身利益的重大问题。依法妥善处理劳动争议纠纷，提供法律援助，构建和谐劳动关系。协助和督促学校落实国家各项涉及教职工权益的法律法规，维护女教职工的特殊权益。

四、提高教职工素质

发挥工会"大学校"作用，深入开展"中国梦·劳动美"主题教育活动，弘扬劳模精神、劳动精神和工人阶级伟大品格，用社会主义核心价值观引领教职工群众，开展"创建学习型组织、争做知识型职工"活动，培育"四有"教师队伍，开展群众性精神文明创建和文化体育活动，满足职工群众精神文化需求，推动学校文化建设和发展。

五、服务教职工群众

以教职工最关心、最直接、最现实的利益为重点，认真倾听教职工呼声，积极反映教职工意愿，提出政策建议和主张，关心教职工工作生活问题，进一步叫响、做实"教职工有困难找工会"，努力为教职工办实事、做好事、解难事，开展"送温暖""金秋助学"等活动，履行帮扶困难教职工"第一知情人""第一报告人""第一协调人""第一监督人"的职责。

六、加强自身建设

坚持民主集中制，密切联系群众，廉洁自律，健全各项组织制度、民主制度、工作制度，基础资料齐全，坚持会员（代表）大会制度，完善会员代表常任制，实行会务公开制度，接受会员群众民主评议和监督，保障会员民主权利，开展"创建学习型工会、争做知识型工会干部"活动，加强思想、作风、能力建设，提高工会自身建设科学化水平，建设学习型、服务型、创新型工会，建立单独工会财务账号，独立使用工会经费，收好管好用好工会经费，保护好工会资产，工会工作有创新、有特色。

第四节 加强教职工之家建设的具体路径

一、履行维护和服务职能

（一）维护教职工合法权益

维护和服务教职工群众是建设教职工之家的出发点和落脚点。当前，教育改革进一步深入，事业单位管理体制改革，特别是绩效考核的开展和绩效工资的实施，使得学校的劳动关系和利益关系正在发生深刻的变化与调整，许多新的矛盾和新的问题正在不断产生。工会组织要积极探索维权的重点内容、机制、方式和途径，切实履行教职工合法权益代表者和维护者的职责，做到依法维权、敢于维权、善于维权。在建家工作中要把教职工的冷暖放在心上，贴近群众，及时反映群众的呼声，在日常工作中要多了解、关心教职工，想他们之所想，急他们之所急，尽力帮助教职工解决实际问题和困难，想方设法地为教职工多办实事，全心全意地为教职工服务。

（二）开展业余文体活动

开展丰富多彩、形式多样的教职工业余文体活动是学校工会工作的重要组成部分。在建家活动中要广泛开展适合不同年龄、不同层次、不同群体、不同需求，符合学校和教职工工作实际的教职工文体活动，增进教职工之间的相互了解和友谊，丰富教职工的业余文化生活，构建奋发向上的学校文化，满足教职工的精神文化需求，促进广大教职工的身心健康。

（三）维护女工合法权益

随着学校的发展，女教职工的工作压力也越来越大，维护好女教职工的合法权益是建家工作不可或缺的重要内容。一方面，要建立健全女教职工委员制度，组织广大女教职工投身到学校改革发展和建设之中，推举女教工成为校工会的委员，并进行换届选举活动。另一方面，要维护女教职工的利益，认真贯彻落实《中华人民共和国妇女权益保障法》《女教职工劳动保护特别规定》等法律法规，充分激发女教职工的工作热情和创造性。

二、加强学校民主管理

（一）推进学校民主政治建设

要按照《学校教职工代表大会规定》等法律法规履行职责，同时结合教育系统和学校的特点，着力推进学校民主政治建设。要积极组织教职工参与学校的民主管理和民主监督，做好校务公开，及时反映教职工的愿望和要求，协助行政提高教职工思想道德和业务素质，充分调动教职工的积极性和创造性。

（二）开好教职工代表大会

学校要坚持每年召开1次至2次教职工代表大会，年初组织教师审议学校工作报告，年底听取学校工作总结报告及经费审查报告，修订有关管理制度和条例，使教师明确学校的办学思路和方向，进一步统一思想，凝聚共识，调动广大教师的积极性和主动性，推动学校教育教学的改革和发展。

（三）坚持做好校务公开工作

校务公开是推进学校民主管理、维护教职工合法权益的有效举措。

要积极发挥工会协调、监督的作用，对涉及学校改革发展的重大问题，涉及教职工切身利益及教职工普遍关心的重大事项，都要根据公开内容、性质按不同层次和范围适时公开，通过公开的形式听取教职工的意见，保障教职工行使民主管理权利。

（四）开展民主评议

学校要成立民主评议领导小组，每年就民主评议进行全面发动，由开始的校长述职，全体教师进行评议，逐步扩大到中层干部向全体教师做述职报告，教师以无记名投票形式进行评议，从而有效地推进学校的民主政治建设。

三、开展会员评家活动

会员评家是加强基层工会民主建设的重要内容，是密切工会与会员群众联系的客观需要，也是推进建设教职工之家深入发展的有效机制。会员满意度是衡量基层工会工作和建家成效的根本标准。广泛开展会员评家活动，有利于创新建家工作机制，充分调动会员群众参与工会活动的热情，使基层工会工作更加富有生机和活力。会员评家的基本内容包括健全组织体系、促进科学发展、履行维权职责、教职工队伍建设、服务教职工群众、加强自身建设等方面。

（一）会员评家的方式方法

一是在同级党组织领导和上级工会指导下，通过召开会员（代表）大会进行会员评家活动，每年至少评议一次。

二是会员评家主要评议学校工会开展工作、建设教职工之家的情况，评议工会主席（副主席）履行职责的情况。

三是会员评家前组织应将评议内容、评议标准告知会员，做好组织发动和准备工作，并向上级工会报告。

四是工会主席（副主席）在会员（代表）大会上报告工会工作及建设教职工之家情况，并就个人履行职责情况进行述职。会员（代表）对工会工作、建设教职工之家情况和工会主席（副主席）在进行民主评议的基础上，以无记名投票方式进行测评。测评可分为满意、基本满意和不满意三个等次，当场公开民主测评结果。

五是会员评家的结果应报同级党组织和上一级工会，并作为考核学校工会工作和工会主席（副主席）的重要依据。对会员群众民主评议、民主测评反映的突出问题，该基层工会应向会员（代表）群众反馈整改措施。

（二）会员评家的激励与约束

一是应把会员民主测评满意等次作为评价学校工会工作和评选先进的依据。

二是对会员民主测评不满意的学校工会，限其一年内进行整改。会员仍不满意的，对已获得合格、先进、模范职工之家称号的，上级工会可撤销其称号。会员测评不满意的工会主席（副主席），所在学校党组织和上级工会应在核实的基础上对其进行诫勉谈话，连续两年会员不满意的，应按照工会章程和有关规定程序对工会主席（副主席）进行调整。

三是学校及其党政负责人拟推荐申报工会系统评选表彰的各类先进，会员评家必须达到满意等次。

（三）会员评家的组织领导

一是各级地方高职院校工会领导机关要切实把会员评家作为全面推进职工之家建设、加强学校工会工作的一项重要制度和措施，摆上重要议事日程，加强组织领导。要结合本地区实际，研究制定具体的实施细则，健全完善制度，可在适当范围、集中一段时间，适时统一部署开展会员评家活动，扎扎实实地加以推进。

二是各级教育和学校工会要加强宣传，引导会员群众正确把握会员评家的内容、方法和程序，正确行使民主权利，积极参加会员评家活动，保证会员评家工作健康发展。

三是学校工会应增强责任意识，把会员评家作为会员（代表）大会的重要内容，认真抓好落实。对未经上级工会同意，没有开展会员评家的学校工会，上一级工会应督促其改进，并取消该工会组织、工会主席（副主席）当年参加工会系统评先的资格。

四是各级地方高职院校工会领导机关要加强对会员评家工作的督促检查，形成长效机制，定期组织进行自查、互查、抽查，适时进行通报，确保会员评家取得实际效果。要加强分类指导，针对不同类型学校工会的实际，研究解决工作中遇到的新情况、新问题，总结经验，推广典型。

四、加强教师和工会干部队伍建设

要按照建设党和人民满意的"四有"教师队伍的要求，利用工会组织的资源优势，采取有效措施，提高教职工的职业道德素质和业务素质，帮助教职工树立现代教育思想和观念，夯实和提高教师的教育教学基本功。同时，要采取有效措施，建设一支高素质的专兼职工会干部队伍。一是要定期进行工会干部培训，不断提高专兼职工会干部的政治理论水平和实际工作能力。二是要建立完善的管理制度，逐步形成一套切合实际、行之有效的工会工作管理制度。三是要建立健全工会的各级组织，配备好各级工会干部，重点选拔政治素质高、业务能力强、热心工会工作、有群众观点的干部。

五、加强宣传和投入力度

一是要广泛深入地开展教职工之家建设活动的宣传、报道工作，加强学校领导和广大教职工对建家工作的认识，切实转变其思想观念，并使其采取扎实的行动，支持和参与建家活动。二是各级教育行政部门和地方高职院校工会要加大对学校，尤其是边远地区学校工会工作和建家工作的资金投入力度，以此为建家工作的开展奠定坚实的物质基础。

第五节　推动教职工之家建设创新发展

一、加强组织领导

（一）完善领导机构

学校要建立由领导同志负责、有关部门参加的建家工作领导机构，定期研究有关问题，加强协调配合，努力形成抓建家工作的合力。要充实建家工作的专门力量，深入开展建家活动，不断提高建家工作水平。

（二）搞好分类指导

在实施建家工作指导的过程中，要针对各级各类学校的不同特点，提出符合实际的建家工作内容要求和考核标准，不搞一个模式，力戒形式主义。各层次教职工之家的考核条件，应尽可能细化、量化，使之便于操作和考核。

（三）改进工作作风

各级地方高职院校工会领导机关要切实把工作重点放在基层，要深入实际，贴近教职工，认真研究解决深入建家工作中遇到的新情况、新问题，不断推动建家工作的实践创新和理论创新。要认真总结并及时推广学校工会开展建家活动的新经验、好做法，加强对建家活动的宣传，形成良好的舆论氛围，推动建家活动深入发展。要建立激励机制，充分调动基层工会开展建家活动的积极性，加强对建设职工之家活动的组织和管理。

二、创新建家方式

（一）加强沟通联系

首先，要建立定期向学校党政汇报工会建家情况的工作制度，紧紧围绕学校改革发展大局，进一步加强与学校党政部门的沟通和联系，寻求支持和合作。其次，建立密切联系群众的制度。分别选取代表不同层次的教职工，经常与他们交流与沟通，提高他们对建家活动的认同感，并通过他们带动和提高广大教职工参与的积极性，在广大教职工中逐步形成以校为家、爱校如家的氛围，团结广大教职工同心同德地做好学校的各项工作。

（二）紧密结合实际

建家活动要在创新上下功夫，在结合上做文章，在实践中求发展，创造性地开展工作。要注重将教职工之家建设活动与教育综合改革、建设"四有"教师队伍、培育和践行社会主义制度核心价值观、维护教职工合法权益、促进教职工发展、构建学校文化等学校和教职工工作实际紧密结合，通过与各类活动的有机结合提高和增强建家工作的针对性和实效性。

（三）搭建网络平台

在互联网已覆盖全球的背景下，工会要发挥"互联网+"的优势，针对一些学校多校区、各个部门办公地点分散、教职工居所离校远等特点，建设好网络教职工之家，丰富和拓展工会建家活动的形式、内容和方法，可以用信息和网络技术整合福利之家、活动之家、维权之家等，凭借不同的建家模式、丰富的建家经验、典型的建家案例、先进的建家理论构建丰富多彩的网上教职工之家，建立网上教职工之家论坛，让教职工通过网络及时地沟通交流、分享快乐、提高素养、维护权益。通过网上宣传教育、网上组织活动等，工会能建设一个和现实相对应的虚拟教职工之家，为建家工作注入新的活力。

第六节　教职工之家建设工作实践体会

一、推动建家工作可持续发展

（一）突出维护职能

工会是教职工合法权益的代表者和维护者，维护教职工合法权益是工会的基本职责。以岗位聘任制为主要内容的地方高职院校人事制度改革，使教职工与学校的关系，由过去的隶属关系转化为聘任合同关系，由过去的人事管理逐渐向契约管理过渡。职、权、利相对明晰和分离之后，会带来一系列利益诉求，如何有效维护教职工的合法权益，构建和谐劳动人事关系，将是对新阶段工会工作的考验。建家活动可以进一步提升依法治校的水平和能力，营造公平合理、公正廉明的行政氛围，使各级领导更加尊重知识和人才，使教职工的合理诉求能够及时得到妥善解决，让广大教职工感到学校有"家"的温暖。只有这样，工会才能把"维护"职能落到实处。

（二）以建家为载体，推进民主管理

制定大学章程、构建现代大学制度是地方高职院校依法治校的重要内容。按照章程办学，合理设置学校的党政、学术等权力，关键是如何实现广大教职工的民主权利。而民主权利的落实，首先要进一步完善教职工代表大会制度，按照《学校教职工代表大会规定》的要求，把各项职权落实在学校办学的全过程。除此之外，还要扩大民主参与，实行校务公开，加强民主监督。建立健全教代会制度、推进民主管理是建家的重要内容。因此，把建家工作与这一"热点"结合起来，相互促进，就能取得事半功倍的效果。

（三）凝聚人心，调动广大教职工的积极性、创造性

地方高职院校实行岗位聘任、绩效工资制度，这是涉及教职工身份转换的改革，其核心是合理设置岗位、以岗聘人、竞争上岗、提能增效。改革触

动利益，不可能人人受益。改革不可避免地带来各种压力，也容易挫伤一部分人的积极性。如何凝心聚力，让广大教职工支持改革、参与改革，这是改革的难点。工会作为教职工自愿结合的群众组织，通过建家发挥好学校党政与教职工之间的桥梁纽带作用，在协助行政做好政策宣讲、引导的同时，尤其要主动收集教职工的意见建议，积极向学校党政反映教职工的诉求，及时化解矛盾，疏导压力，把家的关心和温暖带给广大教职工，从而调动各方面的积极性、创造性。

（四）建设"学习型、服务型、创新型"组织

新形势下，地方高职院校工会的任务繁重，协调好人事关系面临许多新情况、新问题，维护好广大教职工最关心、最直接、最现实的利益不是一件容易的事。适应这些任务，做好这些工作，工会干部的自身素质是基础。打铁尚须自身硬，服务教职工也需自身硬，要按照中国工会提出的创建"学习型、服务型、创新型"组织的要求，把工会干部锤炼成教职工信得过的"娘家人"。建家就是建自己，自身建设只有更好，没有最好。

（五）突出重点，捕捉热点，针对难点，形成亮点

1. 工会与党政关系

党是领导核心，工会的任何工作必须在党的领导下，这是工会工作的"政治原则、本质要求和根本保证"。因此，建家工作要在校、院两级党委的直接领导下开展，只有党委重视，各项工作才能有效开展，建家活动才能取得实效。此外，学校行政掌握各类资源，校、院两级建家，需要人财物的投入，需要行政政策的支持。要紧紧依靠行政支持开展各项工作。党委领导，行政支持，工会努力，合力建家。

2. 阶段性与连续性关系

学校建家工作在连续推进的基础上，应有阶段性目标，几年一轮的考核评比，要有循序渐进的目标设计，先基础、后增量，先硬件（有形的）、后软件（无形的），先具体、后整体、再全面提升。

各二级学院"小家"建设的阶段性要求，还应体现在不同学院的不同发

展阶段上，从"合格""先进"到"模范"，逐步建家。"小家"建设务必持续用力，在总目标一致的前提下，不断丰富建家内涵，一步一个脚印地持续向前推进。

3. "形象建家"与"实质建家"的关系

"形象建家"主要指有形的"教工小家"，如活动场所、体育设施、教工俱乐部、教工园地等硬件。"实质建家"是包括"形象建家"在内的，还要真正体现家的温暖、家的活力、家的凝聚力。要让教职工真正感觉到工会是自己的组织，工会是自己的家。建家活动的各个阶段都要遵循"硬件""软件"兼顾的原则，同时要注意不同"小家""硬件"资源的共享，以及"软件"整体提升的相关性。

4. "建家"与"管家"的关系

"建家"必须"管家"，只建不管就达不到预期目的。"教工小家"建设尤其要注重积累，看得见的设施、场馆要不断添置、更新，看得见的规章制度要不断完善，看不见的好的风气和习惯要不断引导、营造。同样，只管不建，家就得不到发展。要按照建家的长远规划和愿景，每一届班子、每一任领导，一棒接一棒，才能建成"温暖之家""活力之家""美丽之家"。

二、加强建家工作的制度化、规范化建设

组织上要注重机制建设，形成"党委领导、行政支持、工会主抓、教职工广泛参与"的良好工作机制。每轮考评都要有工作方案，成立领导小组，列出工作计划。组织工作到位，才能使建家工作落到实处。比如，开展二级学院"教工小家"考评，程序设计要合理、公正，这对考评结果客观、公正有直接影响。

以下几个环节特别重要。一是做好量化指标的统计。将全校各参评"教工小家"几年来完成年度工作、召开年度会议、信息报送、特色工作开展等情况如实统计，将各二级工会组队参加全校性文体活动或比赛的成绩也记录在案，供考评成员打分时参考。量化成绩是客观的，是评优的依据，但不唯量化指标。二是考评组成员的组成。考评组由参评单位的二级工会主席组成，

校工会领导不参与、不带队，以免产生人为影响分。二级工会主席"亲自出马"，通过交叉考核，能起到相互学习、取长补短的功效。三是"建家"工作满意度测评环节。校工会统一制作测评表，由所在二级工会党委或党总支负责在全体教职工中开展测评。这样做的好处在于，二级党委或党总支能直接掌握本单位的建家成效，对二级工会工作也能起到促进作用。四是评定环节。评委会由二级单位书记和工会主席组成，各考核小组汇报后，综合各方面业绩，定量考核、定性排序，通过无记名投票，产生"模范""先进"或"合格"教工小家。整个过程体现工会活动组织方式的群众性和民主化，使评出的模范或先进，确实能起到示范、引领作用。

为使建家活动得以不断完善和持久开展，在工作组织上还要进一步加强"建家"工作的规范化、制度化建设，努力使各个阶段的"建家"活动突出重点、捕捉热点、针对难点、形成亮点，用制度和规范来确保建家工作常建常新，持续发展。

地方高职院校建家形式应多样化，手段上要现代化，同时要善于总结经验，重视宣传工作，扩大覆盖面。

建家的举措和形式，有其共性，又有许多个性。各校应根据实际情况和可能，因校制宜，不拘一格地开展建家活动。同时，要善于总结，重视宣传工作。在信息网络时代，有线、无线的网络媒体宣传具有快捷、生动、内容丰富、覆盖面广等特点，要不断拓宽传统宣传渠道，广泛宣传建家意义、作用和成效。除建好"有形之家""无形之家"外，在网络时代还可以尝试"网络建家"的有效性和可行性，不断丰富建家形式和手段。

第六章 加强和改进新时期地方高职院校工会工作

第一节 加强和改进地方高职院校工会工作的重要性

工人阶级是我们党最坚实、最可靠的阶级基础。在新形势下，工人阶级作为国家领导阶级的地位不能动摇，作为改革开放和现代化建设主力军的作用不能削弱，全心全意依靠工人阶级的根本指导方针不能改变。广大教职工都是知识分子，是工人阶级的重要组成部分。地方高职院校工会和学校工会是党领导下的工人阶级群众组织，是党联系教职工群众的桥梁和纽带，是教职工合法利益的代表者和维护者。紧紧依靠和切实关心广大教职工，是我们党全心全意为人民服务的根本宗旨和贯彻党的群众路线在教育系统中最重要、最根本的体现。

在经济发展进入新常态的大背景下，教育承载着为我国经济发展提供强大人才支撑和智力支持的重任，是促进我国经济社会持续健康发展的重要力量。落实中央的决策部署，为教育事业发展提供了难得的历史机遇，同时也为各级地方高职院校工会发挥作用提供了广阔的舞台。

同时我们应看到，教育系统高端人才汇集，知识分子众多，较之其他行业，教职工的维权意识更强、更迫切，特别是随着教育领域综合改革和事业单位改革的深化，教育系统职工队伍结构和人事劳动关系正在发生深刻变化，人事劳动争议凸显，教职工的利益诉求更趋多元。而且知识分子群体思想活跃，乐于接受新理论和新观念，更容易受到意识形态领域各种思潮的影响，加上境外敌对势力的渗透，造成教职工队伍不稳定的因素逐渐增多，各级地方高职院校工会维权维稳的任务将更加繁重，对我们的工作提出了新的挑战。

面对新形势下的新目标、新要求、新任务，面对难得的机遇和严峻的挑战，各级地方高职院校工会和广大工会干部要充分认识到加强和改进学校工会工作的重要性和紧迫性，切实增强机遇意识和忧患意识，增强做好学校工会工作的政治意识和责任意识，充分发挥党联系职工群众的桥梁纽带作用，找准工会服务改革发展稳定大局的着力点，展示工会重要作用，努力实现地方高职院校工会工作的新跨越。要进一步围绕中心，服务大局，充分发挥在教育教学改革、发展、稳定中的积极作用，最大限度地把教职工组织和团结起来，激发和调动教职工投身改革的积极性、主动性和创造性，不断增强广大教师教书育人、无私奉献的责任感和使命感。要切实代表和维护广大教职工的合法权益，充分做好教育引导和沟通协调工作，努力化解矛盾，凝聚人心，最大限度地把教职工团结起来，促进教职工队伍和校园和谐稳定，为教育事业的改革和发展贡献智慧和力量，为实现"两个一百年"奋斗目标，实现中华民族伟大复兴的中国梦建功立业。

第二节　建设创新型地方高职院校工会组织

一、建立完善依法维护机制

（一）坚持完善以教职工代表大会为基本形式的民主管理制度

贯彻落实教育部《学校教职工代表大会规定》，坚持完善以教职工代表大会为基本形式的民主管理制度，切实保障广大教职工的知情权、参与权、表达权和监督权，是深化我国教育综合改革、完善现代教育体系、加强和改进现代学校管理体制的必然要求。各级地方高职院校工会要以有效保障《中华人民共和国工会法》《中华人民共和国教育法》《中华人民共和国教师法》赋予教职工参与学校民主管理和民主监督的权利为重点，大力推进各级各类学校和高校二级教代会的规范化建设。各级教育行政部门要把教代会建设纳入督导、考核和评价学校工作的重要内容，作为评先创优的基本条件之一。

学校每学年要召开一次教职工代表大会，并按期换届。凡涉及学校改革、发展和稳定，涉及教职工切身利益的重大事项和重要规章制度，必须提交教职工代表大会审议通过，重大问题审议通过要采用无记名表决方式进行，未经审议、通过或决定的重大决策、重要方案，不得实施。要根据上级党委的部署，做好民主评议学校领导干部和中层领导干部工作，学校工会主席也要纳入干部评议范畴。评议结果要及时公开并作为对干部进行奖惩、任免的依据之一。

要高度关注各项改革给教育系统人事劳动关系和教职工权益带来的影响，把促进深化改革和维护教职工权益有机结合起来，切实做到主动维权、依法维权、科学维权。要坚持党政工联席会议制度和"两进入、一通过"原则，代表教职工参与涉及切身利益的改革方案和政策的制定，积极反映教职工合理诉求，做到重大问题有建议、源头参与有主张、决策过程有声音、关键时刻有作为。要重点关注教职工最关心最直接最现实的利益问题，以一线教职工、青年教师、困难教职工、劳务派遣工等为重点群体，以岗位聘任、职称评定、收入分配、社会保障等为重点领域，依法维护教职工的劳动经济权益、民主管理权益、社会保障权益和精神文化权益。

学校行政领导要支持教代会行使职权，高度重视教代会提案的处理工作，自觉接受教代会的监督。对涉及学校改革发展的重大举措，涉及人、财、物、基本建设等权力运行的重点领域，涉及教职工及学生切身利益等重大事项要进行校务公开，努力做到政策公开、过程公开、结果公开。

（二）依法维护教职工合法权益

全心全意为职工群众服务是工会的根本宗旨，维护职工群众合法权益是工会的基本职责。要把竭诚服务职工、发展职工利益作为工会一切工作的出发点和落脚点，切实维护和发展职工权益，构建服务职工工作体系，努力让职工体面劳动、舒心工作、全面发展。必须树立教职工利益无小事的理念，做实"教职工有困难找工会"各项制度机制，增强维权意识，提升服务效能，努力促进教职工群众体面劳动、舒心工作、全面发展。

1. 构建和谐人事劳动关系

要推动《中华人民共和国劳动法》《中华人民共和国劳动合同法》《劳务派遣暂行规定》等法律法规的贯彻执行，提高运用法治思维和法治方式协调劳动关系的能力，推动形成规范有序、公正合理、互利共赢、和谐稳定的社会主义新型劳动关系。要健全完善劳动争议预警、预报和调处机制，主动配合党政有效调节和妥善处理人事劳动关系矛盾，完善有关工作预案，做到早发现、早介入、早解决，防止矛盾激化扩大。要坚持问题导向，准确掌握教职工队伍的利益诉求和思想动态，引导教职工依法理性表达合理诉求，维护教职工队伍稳定与校园和谐稳定。

2. 完善教职工社会保障体系

要积极参加教职工养老、医疗保险等制度的改革，努力完善教职工社会保障体系。各级党政领导要积极支持工会"送温暖"工程、"金秋助学"和各类互助保险等活动。要重视特殊困难群体维权工作，支持工会健全完善教职工帮扶机制，及时帮助并妥善解决他们在工作生活等方面遇到的困难和问题。要建立健全特困、危重病残教职工档案，实行动态管理，使帮扶和送温暖工作经常化、多样化、制度化。

3. 拓展服务教职工工作的领域

要抓住教职工最困难、最操心、最忧虑的实际问题，进一步加大为教职工办实事的力度，在继续做好做实传统物质服务、生活服务的同时，积极提供精神性、发展性服务，以热情、热忱的服务，让广大教职工真切感受到工会组织的关心关怀，强化广大会员对工会组织的认同感和归属感。要高度重视对一线教职工、劳务派遣工、海归人员、青年教职工等群体的服务，探索更加有针对性的服务内容，将普惠服务更好地落到实处。要扎实办好劳模先进暑期疗休养、劳模免费查体、青年教职工交友联谊、重大节日走访慰问、教工大讲堂、教职工文化节等服务教职工的好事、实事。

要按照"会、站、家"一体化建设的思路，依托各级教职工活动中心推进教职工服务中心、法律维权中心建设，在继续提供文化学习、业务培训、健康娱乐、情感交流等服务的基础上，不断创新载体，完善功能，为广大教职工提供困难帮扶、法律咨询、心理辅导、家政服务等多种服务，最大限度地满足教职工日益增长的各异性、多层次、高水平服务需求。

要做好女教职工工作，深入贯彻落实中华全国总工会女职工委员会《关于深入实施"女教职工关爱行动"的通知》，有针对性地做好女教职工服务工作，提高精准化、精细化水平，满足女教职工的多样化需求，切实维护好她们的特殊权益。要关心教职工的身心健康，每年均应协助学校行政组织教职工进行体检，组织开展假期教职工疗休养活动，开展经常性的有益教职工身心健康的文化体育活动。要重视教职工的心理健康问题，有针对性地做好教职工思想政治工作、心理健康知识的宣传普及和心理疏导工作，维护教职工的身心健康，不断满足广大教职工日益增长的精神文化需求，丰富教职工的校园文化生活，推进和谐校园建设。

二、建设"四有"教师队伍

"国家繁荣、民族振兴、教育发展，需要我们大力培养造就一支师德高尚、业务精湛、结构合理、充满活力的高素质专业化教师队伍，需要涌现一大批好老师。"各级地方高职院校工会和学校工会要围绕我国教育改革和发展目标，充分发挥地方高职院校工会党联系教职工群众的桥梁纽带作用和工会"大学校"作用，充分激发广大教职工参与改革和发展的历史主动精神和创造活力。

（一）加强理想信念教育

要在广大教职工中深入开展"中国梦·劳动美"主题教育活动，引导广大教职工把个人理想融入实现中国梦的伟大实践中，筑牢共同奋斗的思想基础。要加强对青年教职工的思想政治教育和理想信念教育，着力在创新载体、丰富内容、增强吸引力上下功夫，不断激发广大青年教职工奋发向上、崇德向善的正能量，使其自觉做中国特色社会主义共同理想的积极传播者和中华民族伟大复兴中国梦的忠实践行者。要充分运用工会报刊和网络阵地，特别是用好微博、微信等新媒体传播平台，大力弘扬中华优秀传统文化，传播高雅校园文化，善于用身边的先进典型事迹感染人、引导人，把弘扬社会主义核心价值观落细、落小、落实。

（二）培育高尚道德情操

要高度重视师德教育活动，进一步建立教师职业道德教育培训制度，逐步完善师德建设的活动体系。要广泛开展以争做"四有"教师为主题的群众性师德建设活动，把握新形势下师德建设的特点和规律，积极探索加强师德建设的有效载体和方式，深化师德建设内涵，保持群众性师德建设活动的旺盛活力。要加强教师职业道德教育，严格落实《高等学校教师职业道德规范》，引导广大教师不断坚定理想信念，增强道德修养，提高人格魅力，做以德施教、以德立身的楷模。要大力弘扬工人阶级的伟大品格和劳模精神，定期开展"德业双馨教师""师德先进个人""师德建设先进单位"等评选表彰活动，积极宣传优秀教师、先进集体和劳模的事迹，在广大教职工中广泛开展学习先进、争当先进、赶超先进等活动，充分发挥榜样和先锋模范的带头作用，以最大限度地焕发教职工的创新潜能和创造活力，使其为教育事业发展献计出力。

（三）调动教职工工作积极性

要以创一流工作、一流服务、一流业绩为内容，广泛开展创先争优、建功立业活动和合理化建议等活动，最大限度地激发广大教职工的工作积极性和主动性。要从规章制度、职称申报、评先评优、福利待遇等方面入手，建立有利于调动教职工积极性、创造性的激励机制，着力打造一支知识型、技术型、创新型教职工队伍。要大力营造尊重科学、崇尚技能、大胆创新的良好氛围，努力培育有利于教职工教学、科研创新的学校文化，使教职工的创新想法得到尊重、创新热情得到保护、创新才能得到发挥、创新成果得到肯定，以充分调动教职工勇于创新的积极性。

（四）打造群众性建功立业平台

1. 凝聚教职工队伍正能量

要根据教育改革和教职工队伍发展的实际，广泛开展教学技能竞赛、岗位练兵、技术比武等活动，为广大教职工特别是青年教师提升业务素质和教学水平，为更多的优秀教学能手和业务尖子脱颖而出打造坚实平台。各级各类学校要根据自身实际和教职工队伍特点，不断创新竞赛载体和平台，推动竞赛活动向纵深发展。

要努力在围绕中心、发挥优势、体现特色、提高实效上下功夫，不断深化群众性劳动竞赛，焕发广大教职工的工作热情和创造活力，凝聚教职工队伍正能量。要适应不同教职工群体特点，扩大竞赛活动的覆盖面、拓宽竞赛领域、丰富竞赛内涵、创新竞赛载体，最大限度地将广大教职工吸引到活动中来，使劳动竞赛活动的覆盖面和教职工参与率保持在 90 % 以上，力争实现全覆盖。要着眼实现竞赛的科学化和常态化，着力加强竞赛运行、保障、监督、评价等机制建设，推动竞赛活动由阶段性、突击型向常态性、机制型转变，不断提升劳动竞赛的品牌和带动效应。要注重加强机制建设，积极争取党政的重视和支持，不断健全完善教师素质建设工程的组织领导机制、考核评价机制、表彰奖励机制、成果共享机制。

2. 大力弘扬劳模精神

要大力弘扬劳模精神、劳动精神和工人阶级伟大品格，努力营造劳动最光荣、劳动最崇高、劳动最伟大、劳动最美丽的社会风尚。要充分发挥劳动模范的领军示范作用，以打造高水平教育教学团队和学科创新团队为目标，不断深化劳模创新工作室创建工作，积极推动课题研究、科研创新和特色学科建设，激励和带动更多的教职工参与创新实践活动。要探索建立跨行业劳模创新工作室联动机制，支持鼓励高校、科研单位与企业之间劳模创新工作室联合攻关，推动实现人才、技术、成果集群化发展。要进一步做好劳模服务和管理工作，帮助劳模解决生产生活问题，为劳模发挥作用创造更加有利的条件。

3. 主动服务经济社会发展

要适应经济发展新常态和加快经济结构调整新要求，注重发挥教育系统人才、科技、研发等方面的优势，加强与地方和企业工会的横向联系，打通校企合作渠道，促进产学研结合、学科链与产业链对接，实现科研成果向现实生产力转化。要进一步做实做优"专家教授下企业、进社区"实践活动，组织引导更多的专家人才深入企业、深入居民社区，广泛开展送科技服务、送技能培训、送先进文化等活动，不断拓展各级地方高职院校工会服务经济社会发展的领域和途径。要紧密围绕改革的难点、发展的重点和教职工关注的热点，继续广泛深入地开展合理化建议活动，做好优秀合理化建议和教代会提案评选工作，不断提高合建质量和提案水平，引导广大教职工做深化教育改革的支持者、推动者、参与者。

第三节　加强地方高职院校工会自身建设和
干部队伍建设

当前，一些地方高职院校工会和学校工会在一定程度上存在脱离教职工群众的突出问题，相当一部分基层工会的作用发挥不够，活力明显不足。因此，如何进一步加强基层工会建设，激发基层工会活力，让教职工群众真正感受到工会是"教职工之家"，工会干部是最可依赖的"娘家人"，维护工人阶级的团结统一和教职工队伍的稳定，是地方高职院校工会组织的当务之急。

一、加强地方高职院校工会自身建设

加强自身建设是地方高职院校工会工作创新发展的内在动力。地方高职院校工会工作要与时代同步伐，就必须深化改革、勇于创新，把自身建设摆在更加突出的位置，推进工会工作群众化、民主化、制度化、法治化，努力建设学习型、服务型、创新型工会。

（一）加强组织建设

在推进教育事业改革发展和进程中，工会肩负着组织职工、引导职工、服务职工、维护职工合法权益的历史使命。各级地方高职院校工会要按照"着力扩大覆盖面，增强代表性；着力强化服务意识，提高维权能力；着力加强队伍建设，提升保障水平"的要求，以组织建设为基础，以能力建设为支撑，以作风建设为保证，切实加强工会自身建设。

要认真落实《中华全国总工会关于新形势下加强基层工会建设的意见》，以建设"六有"工会为目标，明确标准，创新载体，强化制度，落实职责，把加强基层工会建设的举措落到实处。要着力扩大工会覆盖面，重视各类民办学校、幼儿园等教育机构的建会建制工作，重点做好农民工、劳务派遣工等新型职工入会工作。要坚持工会组建和规范化建设同步推进，进一步建立健全有关规章制度，深入开展会员评家活动，实现从建会向建制、建家的深化。要加强对基层工会的分类指导，逐级建立和推行工会重点工作目标管理考核机制，不断提升工会工作科学化、规范化、制度化水平。

各级党组织要按照德才兼备的原则，配备好地方高职院校工会和学校工会领导班子。在配备工会主席、副主席时应依法征求上一级工会组织的意见，指导工会按照《中国工会章程》的规定选举产生工会领导班子，并报上一级地方高职院校工会批准。教职工人数在两百以上的学校，应配备专职工会主席。要把工会干部纳入党政干部培训、交流、使用和管理的统筹规划之中，加强工会干部能力建设，加大教育培训力度，注意选拔优秀工会干部以充实各级领导岗位。

要为地方高职院校工会工作创造有利条件，按照《中华人民共和国工会法》的规定，以全体教职工工资总额的2％，及时、定期、足额向工会拨缴经费，以保证工会工作的正常进行。要支持各基层地方高职院校工会和学校工会进行基层工会法人登记，建立工会独立财务账户，从制度上保证各级教育和学校工会自主管理和使用工会经费。要在创建模范"教职工之家"的工作开展、阵地建设等方面为工会提供政策和资金支持，为工会开展活动提供必要的活动场所和设施等物质条件。要把更多的资源和手段赋予地方高职院校工会，把党政所需、教职工所求、工会所能的事更多地交给工会去办，支持工会依照法律和章程创造性地开展工作，更好地推进工会工作的创新发展。

（二）加强能力建设

要引导广大工会干部坚定理想信念，强化宗旨意识，增强领悟力、引导力、执行力、协调力，努力建设一支忠于党的工运事业、竭诚服务教职工群众的德能兼备的干部队伍。

1. 增强法治观念

要组织广大工会干部认真学习《中华人民共和国宪法》和教育、劳动等领域的法律法规，着力增强运用法治思维和法治方式开展工作的能力，努力提升工会工作法治化水平。要加强对工会干部的教育培训，加大工作交流和研讨力度，适时举办工会主席研讨班、工会干部和教（职）代会骨干培训班，努力提高各级工会干部运用科学理论和专业知识分析解决实际问题的能力。

2. 增强学习意识

要学习好习近平新时代中国特色社会主义思想、社会主义核心价值观，学习新知识和与本职工作相关的专业知识，潜心研究新形势下做好工会工作的思路和方法，联系实际、与时俱进、不墨守成规，跟上时代前进步伐，做到学以致用、知行合一。

3. 增强创新意识

要用发展的眼光看待工会工作，用创新的思维研究工会工作，以自我革新的勇气创新工会工作，深入分析工作中遇到的新情况、新问题，在民主管理、校务公开、教学改革、生活保障等方面，不断探索和创新工作方法，使工会工作增强实效性、富于创造性、体现时代性。

4. 增强维护意识

要紧密围绕党和国家工作大局，围绕教育改革和学校发展的中心工作，围绕维护教职工的合法权益开展工作。在具体实践中，要找准位置、当好助手、民主参与、沟通疏导、鼓劲补台、凝聚人心、排忧解难，把党的温暖送到教职工心坎上。

5. 增强责任意识

要坚持"对党忠诚、对职工负责"的理念，履行好自己的职能，全心全意地为教职工服务，做到树廉洁之心、行廉洁之事、做廉洁之人，用宪法法律和党纪党规来约束自己的行为，遵纪守法，照章办事，不搞以权谋私，正确处理好工会与党政领导、与教职工群众的关系。"不唯上、只唯实"，要牢固树立正确的世界观、人生观和价值观，以廉洁自律、求真务实的工作作风，努力为教职工办实事、做好事，使工会干部成为教职工信得过、靠得住、离不开的知心人、贴心人、"娘家人"。

（三）加强作风建设

"坚持解放思想，实事求是，与时俱进，求真务实"是《中国共产党章程》关于党的建设必须坚持的五项基本要求的核心内容。求真务实，是我党的一贯作风，也是贯彻党的实事求是思想路线的必然要求。推进教育综合改革，促进教育事业和地方高职院校工会更好更快发展，也必须大力弘扬求真务实的作风。

求真务实说到底是一种觉悟、一种境界、一种品德、一种精神，是分析问题、研究问题、解决问题的有力武器。求真，就是要坚持一切从实际出发，制定决策、推动工作要符合客观实际，讲真话，报真情，反对弄虚作假、虚报浮夸。务实，就是要谋实招、办实事、求实效，真正把习近平新时代中国特色社会主义思想和正确政绩观贯穿于工作中，落实在行动上，创造出经得起实践、群众和历史检验的政绩。具体到工会来说，就是坚持把群众的利益放在首位，客观分析存在的问题和差距，清醒地看到经济社会发展过程中工会工作存在的不足，教职工群众遇到的困难和问题，以求真务实的作风和脚踏实地的精神，切实地维护和发展好广大教职工的权益。

1. 弘扬求真务实的工作作风的紧迫性和重要性

作风是人们在思想、工作和生活等方面表现出来的一种比较稳定的态度和行为风格。工作作风则是贯穿于人们工作过程中的一种心态和言行风格，对人们的工作具有长期、持续、深刻的影响。近年来，在部分地方和党员领导干部身上，官僚主义、形式主义、奢靡之风、享乐主义盛行。他们理想信念动摇，宗旨意识淡薄，精神懈怠；贪图名利，弄虚作假，不务实效；脱离基层，脱离实际，不负责任；铺张浪费，奢靡享乐，甚至以权谋私，腐化堕落。"四风"问题严重影响了党和政府在人民群众中的良好形象，损害了党群干群关系，败坏了社会风气，使党脱离群众，丧失密切联系群众的优良传统和政治优势。长此以往，其必将从根本上动摇党执政的阶级基础和群众基础。

为此，各级教育和学校工会必须深入贯彻党中央颁布的关于进一步改进工作作风、密切联系群众的"八项规定"，以壮士断腕的勇气解决"四风"问题，大力弘扬求真务实精神、大兴求真务实之风，增强工作的责任感和紧迫感。始终坚持走群众路线，牢固树立群众观念，努力提高履职能力，积极探索符合中央要求，富有学校特色，切合教职工需求的工作新路子。

2. 弘扬求真务实工作作风的要求

一是始终把坚守政治方向作为根本。工会坚持正确政治方向，核心就是要始终坚持党的领导和社会主义制度，永远保持自觉接受党的领导这一优良传统，坚决贯彻落实党的大政方针和决策部署，自觉服从服务于党和国家工作大局，坚定不移走中国特色社会主义工会发展道路，团结广大教职工听党话，跟党走。

二是始终把突出工运主题作为主线。我国工人运动是在党的直接领导下发展起来的，始终把实现党在不同历史时期确立的目标作为自身的历史使命和时代主题。工会要紧跟时代潮流，积极推动党的全心全意依靠工人阶级方针的贯彻落实，尊重劳动者，造福劳动者，大力弘扬劳模精神、劳动精神和工人阶级伟大品格，最大限度地激发广大教职工的劳动热情和创造活力，焕发工人阶级的历史主动精神和伟大创造力量，在实现中国梦的进程中充分发挥主力军作用，形成万众一心、众志成城的磅礴力量。

三是始终把维护教职工权益作为旗帜。保障职工群众经济、政治、文化、社会权益是我国社会主义制度的根本要求，是党赋予工会组织的神圣职责。工会要始终高举维护教职工权益的旗帜，紧紧围绕教职工群众最关心、最直接、最现实的利益问题，以及最困难、最操心、最忧虑的实际问题，经常抓、反复抓、深入抓，切实维护好教职工的合法权益，努力增进广大教职工的福祉，发展教职工的利益。

四是始终把竭诚服务教职工作为宗旨。广大职工群众是工会生存和发展的根基和血脉，要时刻把教职工群众的安危冷暖放在心上，把教职工呼声当作第一信号，把教职工需要当作第一选择，为党和政府分忧，为教职工解难，旗帜鲜明地体现党的性质和宗旨，充分彰显工会组织本源与本色，切实赢得教职工的信赖和支持。

五是始终把践行群众路线作为保障。工会是做群众工作的，是党联系职工群众的桥梁和纽带，在坚持党的群众路线、密切联系职工群众方面必须发挥表率作用。要增强对教职工的感情，密切同教职工的联系，积极扩大工会工作覆盖面，努力把工作做到所有教职工群众中去，做到与教职工群众心心相印、同甘共苦、团结奋斗。

六是始终把坚持改革创新作为动力。创新是破解工作难题的重要手段，是推动工作发展的不竭动力。在不进则退的变革时代，工会只有顺应时代要求、适应社会变化，善于创造科学有效的工作方法，才能紧跟潮流步伐，体现教职工的意愿。要勇于解放思想、敢于革故鼎新，切实把党的要求与教职工的需求紧密结合起来，努力使工会工作更好地体现时代性、把握规律性、富于创造性。

3. 以求真务实的态度维护教职工权益

一是树立群众利益无小事的理念。广大工会干部心里要装着教职工，时刻把教职工的安危冷暖挂在心上，要把教职工的事情作为实实在在的大事、急事、难事，认认真真、竭尽全力去做实、做细、做好，做到"心为民所想，情为民所系，利为民所谋"。

二是充分表达和维护广大教职工的利益。要始终把保持与教职工的密切联系作为工会工作的生命线，全力推动党的全心全意依靠工人阶级根本方针的贯彻落实，并不断探索贯彻落实这一方针的有效形式与途径。要把握党政关注的重点、社会反映的难点和教职工关心的热点，找准工会工作的结合点和切入点，求真务实、卓有成效地做好维护和服务工作，真正做到源头上参与、政治上保证、制度上落实、素质上提高、权益上维护，切实发挥工会的作用。

三是建立和完善工会工作评价机制。要改进工会工作绩效考核方式，建立以教职工满意度为导向的工会工作评价机制。把对工会工作的考核评价权交到教职工群众手里，科学合理地确定相应的指标体系和测评标准，或委托第三方定期开展职工满意度测评，形成自下而上与自上而下相结合、突出自下而上的考核评价机制，推动工会维护和服务工作创新发展。

二、加强和改进党对学校工会工作的领导

地方高职院校工会要自觉接受党的领导，主动争取行政支持。党组织要切实履行领导职责，做到在方向上把握，政治上关心，制度上落实，工作上放手，强化党的思想政治领导和组织领导。要依法保障地方高职院校工会社会团体法人资格和地位，加强政策制定、干部选配、舆论宣传和关系协调等工作。要大力支持工会工作，把党政所需、职工所急、工会所能的事，更多地交给工会组织去办，支持地方高职院校工会从自身性质和特点出发，依照法律和章程，独立自主、创造性地开展工作。要巩固和扩大党的群众工作的覆盖面和影响力，最大限度地吸纳教职工加入学校工会组织。要把工会工作列入重要议事日程，完善定期研究工会工作的制度。每届党组织任期内至少召开一次工会工作会议，每年听取地方高职院校工会工作汇报，研究和解决工会工作中遇到的重要问题。要把工会建设纳入党建的工作目标，做到党建与工建统一部署、统一检查、统一考评。

各部门要进一步完善与同级工会的联席会议制度，定期研究工会工作，帮助工会解决工作中遇到的问题。各级各类学校行政领导要充分尊重和全力支持工会履行职责，每年要召开专题行政会议，研究解决涉及教职工切身利益和工会工作的重要问题，及时通报行政有关重要工作并认真听取工会的意见和建议。各级地方高职院校工会要自觉接受党的领导，主动争取行政的支持，建立健全各级工会每年向党组织汇报1次至2次工作和向行政通报工作的制度，始终围绕教育改革发展稳定大局，找准工作的切入点和着力点，不断打造地方高职院校工会工作的特色和品牌，充分发挥组织、引导、服务教职工和维护教职工合法权益的重要作用，努力把各级教育和学校工会工作提高到一个新的水平。

第七章 "互联网+"在地方高职工会工作中的运用

第一节 "互联网+"的概念

随着经济社会的飞速发展，互联网浪潮以其汹涌澎湃、锐不可当之势，迅速而广泛地覆盖了党政机构、机关、企业、学校，以及家庭和个人生活的各个领域，成为经济社会和所有人生存、发展的不可或缺的有力支撑，成为推动社会变革、行业创新、产业融合升级，让全社会进入"互联网+"时代的核心动力。

2015年1月中共中央印发的《中共中央关于加强和改进党的群团工作的意见》提出："打造网上网下相互促进、有机融合的群团工作新格局。群团组织要提高网上群众工作水平，实施上网工程，建设各具特色的群团网站，推进互联互通及与主流媒体、门户网站的合作。加强网宣队伍建设，综合运用维权热线和网络论坛、手机报、微博、微信等新媒体平台进行网上引导和动员。站在网上舆论斗争最前沿，主动发声、及时发声，弘扬网上主旋律。逐步建立统一的群团组织基础信息统计制度。"

李克强总理在2015年3月5日在第十二届全国人民代表大会第三次会议上所做的《政府工作报告》中隆重推出了"互联网+"的概念，要求制订"互联网+"行动计划，推动移动互联网、云计算、大数据、物联网等与现代制造业结合，促进电子商务、工业互联网和互联网金融健康发展，引导互联网企业拓展国际市场。新华社评论认为，"此举意味着中国全面开启通往'互联网+时代的奇幻大门'"。

2015年7月，国务院印发《国务院关于积极推进"互联网+"行动的指导意见》（以下简称《意见》），对我国实施"互联网+"行动的总体思路、基本原则、发展目标和重点行动做了十分详尽的指导。这是"互联网 +"行动重要的顶层设计，是一份具有里程碑意义的文件。《意见》还提出了一系列保障措施，以确保政府"互联网 +"行动计划落到实处。

《意见》下发后，全国上下掀起了"互联网 +"行动热潮，各省、自治区、直辖市及机关企事业单位都制订了适合自身发展特点的"互联网 +"行动计划，"互联网 +"已经成为当前和今后党政机关、企事业单位和包括群团组织在内的各行各业的重点工作内容。"互联网 +"正以强大的动力加速向各行业、各领域渗透，深刻改变着人们的工作模式和生活习惯。正如李克强总理在十二届全国人大三次会议闭幕后，会见中外记者时所言，"站在'互联网 +'的风口上顺势而为，会使中国经济飞起来"。

2016 年 1 月，中华全国总工会在第十六届四次执委会工作报告中指出，"制订和实施工会'互联网 +'行动计划，形成网上网下深度融合、互相联动的工会工作格局"，要求把建设"互联网 + 工会"工作提上重要议事日程。这为做好工会网上工作指明了方向，提出了具体要求和目标。作为党领导下的工人阶级群众组织，作为党联系教职工的桥梁和纽带，教育和学校工会要想在这个"互联网 +"的时代更好地履行维护职责，更好地服务教职工，就必须顺应"互联网 +"的时代潮流，以"互联网 +"推动工作模式的创新，充分发挥互联网在工会工作中的作用，建立全新的互联网工会平台，让工会组织在"互联网 +"的天空里展翅翱翔。

一、什么是"互联网 +"

《意见》明确指出，"互联网 +"是把互联网的创新成果与经济社会各领域深度融合，推动技术进步、效率提升和组织变革，提升实体经济创新力和生产力，形成更广泛的以互联网为基础设施和创新要素的经济社会发展新形态。在全球新一轮科技革命和产业变革中，互联网与各领域的融合发展具有广阔前景和无限潜力，已成为不可阻挡的时代潮流，正对各国经济社会发展产生着战略性和全局性的影响。积极发挥我国互联网已经形成的比较优势，把握机遇，增强信心，加快推进"互联网 +"发展，有利于重塑创新体系、激发创新活力、培育新兴业态和创新公共服务模式，对打造大众创业、万众创新和增加公共产品、公共服务"双引擎"，主动适应和引领经济发展新常态，形成经济发展新动能，实现中国经济提质增效升级具有重要意义。

《互联网＋国家战略行动路线图》一书认为"互联网＋"有以下六大特征：

一是跨界融合。"＋"就是跨界，就是变革，就是开放，就是重塑融合。敢于跨界，创新的基础就更坚实；融合协同，群体智能才会实现，从研发到产业化的路径才会更垂直。融合本身也代表身份的融合、客户消费转化为投资、伙伴参与创新等，不一而足。

二是创新驱动。中国粗放的资源驱动型增长方式早就难以为继，必须转变到创新驱动发展这条正确的道路上来，这正是互联网的特质。用所谓的互联网思维来求变、自我革命，也更能发挥创新的力量。

三是重塑结构。信息革命、全球化、互联网业已打破了原有的社会结构、经济结构、地缘结构、文化结构。权力、议事规则、话语权在不断发生变化。

四是尊重人性。人性的光辉是推动科技进步、经济增长、社会进步、文化繁荣的最根本的力量。互联网的力量之强大最根本地也来源于对人性的最大限度的尊重、对人体验的敬畏、对人的创造性发挥的重视。例如用户生成内容，例如卷入式营销，例如分享经济。

五是开放生态。对于"互联网＋"而言，生态是非常重要的特征，而生态的本身就是开放的。我们推进"互联网＋"，其中一个重要的方向就是要把过去制约创新的环节化解掉，把孤岛式创新连接起来，让研发由人性决定的市场驱动，让创业并努力者有机会实现价值。

六是连接一切。连接是有层次的，可连接性是有差异的，连接的价值是相差很大的，但是连接一切是"互联网＋"的目标。

二、"互联网＋"行动计划

国家发展和改革委员会在《关于2014年国民经济和社会发展计划执行情况与2015年国民经济和社会发展计划草案的报告》中，对"互联网＋"行动计划做出了这样的表述："互联网＋"行动计划将重点促进以云计算、物联网、大数据为代表的新一代信息技术和现代制造业、生产性服务业等的融合创新，发展壮大新兴业态，打造新兴的产业增长点，为大众创业、万众创新提供环境，为产业智能化提供支撑，增强新的经济发展动力，促进国民经济提质增效升级。

通俗地说，"互联网+"就是"互联网+各个传统行业"，但这并不是简单的两者相加，而是利用信息通信技术及互联网平台，让互联网与传统行业进行深度融合，创造新的发展生态。它代表一种新的社会形态，即充分发挥互联网在社会资源配置中的优化和集成作用，将互联网的创新成果深度融合于经济、社会各领域之中，提升全社会的创新力和生产力，形成更广泛的以互联网为基础设施和实现工具的经济发展新形态。

三、实施工会"互联网+"行动的意义

（一）"互联网+"是贯彻落实习近平总书记系列重要讲话精神的重要保障

党的十八大以来，以习近平为核心的党中央高度重视工会工作，习近平总书记先后发表了一系列关于工人阶级，党的群团工作和工会工作的重要讲话，集中阐述了党关于工会工作的大政方针。讲话高屋建瓴地阐述了新形势下工会工作的方向、原则和着力点，是当前和今后推动工会工作创新发展的纲领性文件和行动指南。

贯彻落实习近平系列重要讲话精神是一项系统工程，涵盖了工会工作的方方面面，需要广大工会领导干部全面统筹规划，深入持久推进。2015年11月9日，习近平主持召开中央全面深化改革领导小组（现中央全面深化改革委员会）第十八次会议并发表重要讲话。在会议审议通过的《全国总工会改革试点方案》中，制订实施工会"互联网+"行动计划是工会改革的重要内容之一。运用互联网思维，融合工会业务，创新工会服务模式、组织体制、运行机制、活动方式、工作方法，是"打造网上网下相互促进、有机融合的群团工作新格局"的有益探索和实践，更是贯彻落实习近平关

于创新组织体制、运行机制、活动方式、工作方法，推动工会工作再上新台阶的重要举措。

（二）"互联网＋"是新常态下维护职工群众合法权益的迫切需要

认识新常态、适应新常态、引领新常态，是当前和今后一个时期我国经济发展的大逻辑，是我们综合分析世界经济长周期和我国发展阶段性特征及其相互作用而做出的重大判断。

新常态下，随着教育综合改革的逐步深入，事业单位改革和养老制度并轨也稳步推进，教职工工资福利待遇可能发生变化，劳动经济权益可能出现局部调整，教职工队伍内部结构也出现了新的变化，许多深层次的矛盾日益凸现，不稳定的因素不断增加，教职工的思想方式、交往方式、生活方式和价值观念正在发生变化。各级教育和学校工会必须充分认识经济新常态对教职工队伍和工会工作带来的严峻挑战，认真研究新常态下教职工工作生活方面可能遇到的新情况新问题，积极探索维护教职工合法权益的方法和途径。

中国互联网络信息中心发布的第 48 次《中国互联网络发展状况统计报告》显示，截至 2021 年 6 月，中国网民规模已达 10.11 亿，互联网普及率为 71.6 ％。中国工会拥有 3 亿会员，280 万个基层工会组织。考虑到每个工会会员的家庭及社会关系，可以说工会组织几乎遍布全国的各个角落，工会的触角已经延伸到各种社会关系之中，工会组织已经成为一个庞大复杂的混合式网络结构。此外，工会组织具有完整的组织结构，强大的组织动员和高效的信息沟通交流能力等特点，与互联网的物理架构和信息互通结构颇有几分相似之处。这种相似，为做好"互联网＋"时代的工会工作奠定了坚实的基础。

因此，必须充分发挥工会组织的这一先天优势，大力加强和改进新时期工会工作，做好"互联网＋"时代的"加法"，积极制订和实施工会"互联网＋"行动计划，加强工会网上工作，形成网上网下深度融合、互相联动的工会工作新格局，最大限度地、更高效率地实现与职工群众的"互联互通"，在联通交流中准确把握教职工群众最关心、最直接、最现实的利益问题，把握教职工群众面临的最困难、最操心、最忧虑的实际问题，从而切实维护教职工权益、服务教职工群众，团结广大教职工群众听党话，跟党走，不断夯实党执政的阶级基础和群众基础。

（三）"互联网+"是加强和改进新时期工会自身建设的当务之急

互联网本身所具有的广泛性的特点，这令其能够在更广阔的范围内覆盖和联系社会各方，深刻影响每一个人的生产生活。它的这一特点，与工会工作所具有的群众性的特点极为相似，把二者"+"起来，更容易使工会工作贴近职工群众，切实发挥应有的作用，切实把工人阶级主力军作用充分发挥出来，把广大职工群众的积极性、主动性和创造性充分调动起来。在"互联网+"时代，各级教育和学校工会要紧跟时代步伐，在组织体制、运行机制和活动方式等方面不断改革创新，充分利用互联网技术手段扩大工作覆盖面，增强工作实效，切实维护好广大教职工的合法权益。教育和学校工会组织要克服脱离群众的倾向，就必须顺应形势发展，加强学习，增强本领。要努力走在时代前列，走在职工群众前列，就必须利用网络手段，提高服务教职工的能力水平。要克服机关化、行政化、贵族化、娱乐化倾向，就必须延伸网络，共同打造网上网下深度融合、互相联动的工会工作新格局。要使工会成为"教职工之家"，工会干部成为教职工信赖的"娘家人"，就必须运用网络手段，准确把握教职工的实际需求，坚持党的群众路线，坚持以教职工为本，着力提升工会干部素质和能力，改革思想和工作作风，强化网上服务意识，不断提高服务水平。

第二节　工会干部互联网思维的培养

思维决定行动，只有积极的思维才会产生积极的行动。积极的互联网思维对于工会"互联网+"行动计划的有效实施至关重要。广大工会干部只有牢固地树立和培养积极的互联网思维，才能积极有效地推进工会"互联网+"

行动计划，使"互联网＋工会"落到实处。那么，什么是互联网思维，如何树立和培养互联网思维呢？

一、什么是互联网思维

对于互联网思维的定义，得到普遍共识的是指基于互联网的规律特征和衍生特性，对政府、组织、产业、公众乃至对整个社会生态进行融合和重构的思维模式。对于企业来说，互联网思维是指在互联网对经济社会的发展和人们的工作生活的影响力不断增加的背景下，企业对用户、产品、营销的全过程，乃至对整个价值链和商业生态系统进行重新审视和创新的思维方式。对于工会组织和工会干部来说，互联网思维是指在"互联网＋"已经极大地影响和改变了经济发展方式、社会生态、劳动关系、人文观念和职工诉求的时代背景下，工会组织以自我革新的勇气，对自身的组织体制、运行机制和活动方式进行重塑和创新的思维方式。

二、工会干部互联网思维的培养

（一）融合思维

融合思维，就是以跨界、合作、分享、共赢为理念，充分利用和整合各种资源的思维。工会"互联网＋"行动并不是简单的互联网＋工会工作，而是利用信息通信技术和互联网平台，让工会与互联网深度融合，创造新的工会发展生态。工会干部互联网融合思维的培养要注意解决三个方面的问题。一是工会与互联网的融合。"互联网＋工会"是传统工会活动在网上网下的拓展和延伸，是工会组织体制、运行机制和活动方式与互联网的深度融合、重塑和创新。广大工会干部要以时不我待，勇立潮头的勇气和精神，积极推进工会"互联网＋"行动计划，找准工会工作和互联网的结合点，形成全新的、以互联网为基础的工会工作形态。二是工会与职工群众的融合。"互联网＋"的本质特征之一，就是跨界整合，就是颠覆重构，就是开放创新，就是连接一切。连接的方式、广度和深度决定了连接的质量、效果和可持续性。工会"互联网+"行动的实施,必然会进一步拓展和畅通工会组织联系学校和教职工的渠道。工会组织和工会干部要趁势而上,以"互联网+"行动推进工会组建、管理模式和服务方式的创新,充分发挥好党联系教职工群众的桥梁和纽带作用,将党的群众路线落到实处。三是工会与政府相关部门和其他社会各界的融合。"互联网+"只是手段,维权和服务才是目的。"互联网+"中的"+"就是跨界、整合和开放,它要求工会要通过加强与政府相关职能部门和其他相关行业的联系,充分整合资源,重新构建基于"互联网+"的维权服务体系,不断提高服务的能力、水平和效果,更好地满足教职工群众的各层次需求。

（二）服务思维

对于工会来说,"互联网+"只是方法和手段,维护职工群众合法权益,更好地服务职工群众才是根本目的。因此,广大地方高职院校工会干部必须去除"自我为中心""官本位""指挥"式的思维,牢固地树立以教职工为本,以教职工为中心的服务思维,把教职工群众放在第一位,将满足教职工群众的根本需求作为工作目标,全心全意地为教职工服务,让"互联网+工会"这一全新的工作模式真正给教职工群众带来切实的优质服务体验。只有让教职工有获得感,受到尊重,权益得到维护,疑问和困难得到解决,他们才会认可工会网络平台,否则"互联网+工会"只能流于形式,甚至成为空架子。

此外,从长远来看,"互联网+工会"将使工会的许多服务发展为线上线下相融合的综合服务模式,从而全天候、全覆盖、普惠化地服务职工群众。因此,广大工会干部还要深刻认识到,尽管互联网能拓宽和畅通工会联系职工群众的渠道,却绝不能代替工会干部深入教学管理一线。在"互联网+"模式下,广大工会干部还必须坚持党的群众路线,坚持深入基层一线,深入广大教职工群众,了解学校的教学、管理情况,了解教职工的工作生活情况,了解教职工关注的热点、难点和焦点问题,了解教职工的所思、所想、所需、所盼,帮助学校、教职工解决实际问题和困难,服务大局、服务基层、服务企业和职工。只有这样,"互联网+工会"才能真正地融合并取得实效。

（三）创新思维

新常态下，不同行业、不同所有制、不同地域、不同年龄、不同性别的职工有着各自不同的利益诉求和维权服务需求，都希望得到个性化的服务。这在传统的工会工作机制和活动方式下很难做到，但在互联网新理念、新模式、新技术与经济社会各领域深度融合的背景下，云计算、大数据高速处理将帮助工会准确地了解和把握每位职工的需求，从而使得精准化、多样化、个性化、差异化和普惠化的服务成为可能。及时推动实施工会"互联网＋"行动计划，体现了工会强烈的改革意识和创新精神。此外，主动适应信息化和新媒体广泛应用的新趋势，运用"互联网＋"思维创新工会维权服务工作，也是破解工会组织管理模式陈旧、运行机制僵化、活动方式单一的有力途径。

"互联网＋工会"是传统线下工会活动的升级版，由此将带来传统工会的组织、管理和活动方式的颠覆性变革，工会管理服务的对象、环境和形式也将随之焕然一新。创新的行动必须以创新思维为前提和基础，广大工会干部要打破传统的观念和意识，以创新的思维模式，主动适应时代发展，实施创新驱动发展战略，深度融入"互联网＋"的世界，把握新趋势、破解新难题、探索新模式，与时俱进地推进"互联网＋工会"体系的建设。

（四）专注思维

专注是互联网思维的又一个重要特征。专注才能专业，专业才能有吸引力。工会互联网平台做的就是工会的工作，就是为职工群众服务的。既然如此，就应当，也必须专注于职工群众，牢固地树立和践行以职工为本的理念。当前，许多地方和基层工会都有自己的网站，网站内容十分丰富，但大多以资讯为主，做得就像一个基础的门户网站。他们不是在工会本职工作和为职工提供服务的基础上去挖掘工会互联网平台的深层次内涵，而是想通过构建大而全的平台内容，让平台看上去更加丰富多彩来吸引职工。一旦陷入这种形式有余而内涵不足、丰富有余而专注不足的泥潭，就会与实施工会"互联网＋"行动的初衷背道而驰，从而失去广大职工群众的支持。

随着互联网普及的深入，用户选择的余地更多，用户变得更加分散，传统的门户网站对用户的吸引力越来越小，专业的网站则越来越受到用户的青睐，要知道，"少而精"远比"大而全"更能增强用户的黏性。因此，各级教育和学校工会组织要充分意识到，工会互联网平台就是一个为教职工群众提供维权、服务和帮助的功能性平台，绝不是内容看上去五彩缤纷却中看不中用的"花瓶"。为此，必须坚定工会"互联网＋"行动的专注度和专注思维，将工会互联网平台标定在"为教职工群众提供最具特色的工会线上服务"上，以发布学校、工会、教职工相关信息为主，为教职工提供专业化的维权服务，同时创新服务机制，不断拓展服务内涵，构建符合"互联网＋"时代要求，富有行业和学校特色，切合教职工需求的"互联网＋工会"全新的专业化服务模式。

第三节　推进"互联网＋工会"的途径

一、拓宽职工入会渠道

在工会组建和会员发展工作中，传统的做法是工会干部给没有入会的职工发放申请表，有入会意愿的职工填表，工会干部收表，填写、发放会员证并定期收取会费。这样的手续和过程不免有些烦琐，导致一些尚未建立工会组织的民办学校的教职工，或者那些尚未入会的劳务派遣工、聘用人员想加入工会，却不知道怎么入会，上哪找工会。还有一些教职工工作单位或地点的变动后，没有找到工作单位或新的单位还没有建立工会，就面临着工会关系转接和会籍管理困难的问题。

针对上述情况，中华全国总工会提出，改进会员发展和会籍工作，开辟网上申请入会等途径，拓宽职工便捷入会渠道，推进会员实名制管理，建立会员组织关系随劳动关系流动转接的机制，实现会员管理制度化、规范化、信息化。为此，可在工会互联网平台上开辟网络在线申请，开通微信申请和手机应用软件申请等多种便捷的入会方式。一方面，可让那些所在学校尚未建立工会又想自主入会的教职工加入工会组织，积极尝试突破单独依靠民办学校行政建会的瓶颈，探索体制外职工直接入会的方式，以职工直接入会倒逼民办学校建会。另一方面，还可借助互联网的优势，建立统一的会员信息数据库，进一步规范会员组织关系的转接和会籍管理。

二、推进职工素质建设工程

提高职工的科学文化技术素质，加速工人阶级知识化进程是工会工作的重要内容。根据《中华全国总工会关于全面实施职工素质建设工程的意见》和《全国职工素质建设工程五年规划（2015年—2019年）》提出的目标，"到2019年，建立起资源集成、形式多样、贴近职工、务实有效的职工素质建设工程模式，培育形成一批职工素质建设工程品牌项目，建设起覆盖全体职工的内容丰富、高效便捷的信息化职工学习培训服务平台"。在"互联网+"时代，打造"互联网+职工技能培训"模式，不仅为加强教职工队伍素质建设和教师教学技能的提升创造了更多的资源和手段，也为工会组织做好教职工技能培训工作提供了更多的方法和途径。

近年来，全总和各地工会探索了许多行之有效的方式方法。无锡市总工会开发的"搜搜课"网络教育平台自2014年上线运行以来，集宣传教育、职工技术技能培训、公益讲座、学历教育、职工书屋等多项职工教育培训内容为一体，依托工会组织网络，通过市场化运作，为职工、企业、社会提供各类培训服务，承担了工会宣传教育和职工素质工程等多项工作，并逐步实现了培训、就业、帮扶、法律服务的系列服务，已具有一定的品牌效应和影响力。

2015年底，由中国电化教育中心创建的集教育内容、传播渠道于一体的中国职工教育服务网正式上线，同时上线的还有移动终端的应用软件"职工驿站"。该平台努力探索"互联网+职工技能培训"新模式，为提升职工素养、丰富职工精神文化生活，扩大工会影响力发挥了独特作用。各级教育和学校工会应以此为借鉴和启发，以改革创新的勇气，推动"互联网+"与提升教职工综合素质、加强教师教学技能培训、开展教师教学技能竞赛等方面工作的深度融合。

三、切实服务教职工群众

工会互联网平台的最大功能就是为职工提供服务。全力搭建工会维权服务网络平台，为职工提供优质的服务是展现平台实力，更是赢得职工信任和支持的关键所在。因此，平台的栏目设置和内容都要以教职工为中心，紧紧围绕教职工工作生活需求，直面工会工作重点难点，以教职工喜闻乐见、便于参与的形式和方法，为教职工群众提供贴心对路、接地气的服务。

（一）拓宽法律援助服务渠道

当前，各级工会在维权中遇到的主要问题之一是缺乏专业的法律援助人才，这一点在基层工会中尤为突出。但在"互联网＋"连接一切、跨界整合的背景下，法律资源和人才可以实现高效共享，使得利用互联网渠道提高工会法律服务覆盖率和影响力，建立"互联网＋法律"维权服务体系，拓宽法律援助渠道，共用法律援助人才成为可能。首先，可以利用互联网传播速度快、范围广、影响大的优势，宣传普及法律知识、了解职工诉求、引导社会舆论，广泛深入地开展普法宣传教育，提升职工群众的法律素养和尊法、学法、懂法、用法的意识，引导职工依法理性维权。其次，可以全天候地为职工群众提供法律援助服务。在一些地方，工会干部和职工只要拨打电话或是登录微信，就能够联系专业的律师进行咨询，解答疑问，而企事业单位、职工、律师三方在线的调解服务平台，则能够从源头上化解劳资纠纷，大大提升了工会法律援助服务的效率。最后，可以加强平台与职工的互动。对职工劳动权益方面的投诉和求助，要做到线上及时回复，线下主动沟通协调，做到事事有回音，件件有着落，以促进职工队伍及社会和谐稳定。

（二）完善维权帮扶协调劳动关系

一是利用互联网大数据的优势，准确把握、切实加强对困难教职工、困难劳模、少数民族地区学校教职工等特定人群的维权帮扶工作。密切关注经济结构调整、教育综合改革过程中教职工权益的保障情况，重视困难教职工和民办学校教职工在技能培训、社会保险、生活救助等方面存在的问题，加强专项帮扶。

二是完善网络协调劳动关系机制。利用"互联网＋"跨界、整合和连接一切的优势，深化工资集体协商，建立欠薪报告制度，着力维护教职工劳动报酬权益，促进和谐劳动关系创建活动进一步扩展和延伸，推动中国特色和谐劳动关系建设。

四、创新校务公开管理模式

日新月异的网络技术为学校校务公开民主管理的模式的创新和发展提供了重大机遇，为此必须充分利用互联网，与时俱进地构建校务公开民主管理的新模式。

（一）建立健全网络民主管理工作机制

学校管理者对校务公开民主管理网络化工作要高度重视并着力推广运用，在学校重大决策、教学管理、涉及教职工切身利益事项、领导班子建设及党风廉政建设等方面制订规划，将学校重大决策、教职工工资待遇、职工疗休养、困难补助发放等热点、难点问题作为公开的重点，引导教职工在健康、有序的网络环境下参与民主管理。

（二）疏通网络互动民意表达渠道

要在工会网络平台开通学校民主管理议事论坛，专门讨论职工代表大会、劳动关系等民主管理方面的内容，同时组织专家对教职工提出的有关学校校务公开民主管理问题进行在线解答。要举办校务公开民主管理知识在线讲座，聘请法律专家向学校管理者和教职工宣讲校务公开民主管理方面的法律法规。要开设民主管理微信群，邀请学校管理者和教职工群众加入，及时发布和交流相关信息。

（三）建立完善网络校务公开机制

要在教育行政部门网站和学校网站上及时公开学校内部重大信息，使广大教职工群众能在第一时间了解学校的改革发展和教学管理情况，避免因信息沟通不畅而造成误会。同时，要注重增强公开的透明度，在诸如机构改革、用人制度等敏感问题及教职工非常关心的重点、热点问题上及时公开，使广大教职工群众心中有数，从而统一思想，增强对学校的认同感和教职工的凝聚力。

五、加强工会宣传教育工作

近年来，互联网的快速发展极大地改变了人们获取和交流信息的模式。一方面，职工通过互联网开阔视野、获取知识、提升技能、完善自我。另一方面，由于互联网上鱼龙混杂，不良信息屡禁不止，这也在思想观念，甚至行为上对教职工产生了一定程度的负面影响。可以说，互联网既给工会宣教工作的创新发展带来了前所未有的机遇，也对工会组织的舆论引导工作提出了严峻的挑战。因此，迫切需要各级教育和学校工会组织坚持正确政治方向，顺应"互联网＋"时代要求，创新新形势下工会宣传教育工作，切实履行好工会的教育职能。

要充分利用"互联网＋工会"的优势，大力宣传党和国家的方针政策，培育和践行社会主义核心价值观，弘扬工人阶级伟大品格和劳模精神。要推动传统媒体和新兴媒体融合发展，将丰富的宣传教育内容辅以互联网、手机、微博、微信等生动的形式教育和感染教职工群众，有效扩大职工思想政治工作的覆盖面和实效。要大力弘扬主旋律，凝聚正能量，团结带领广大教职工群众听党话，跟党走，充分发挥在实现中国梦的伟大进程中工人阶级的主力军作用。

要坚持正确舆论导向，提高正面引导能力，针对社会热点和教职工关心的重点和难点问题，积极主动地发出工会声音，加强释疑解惑、疏导负面情绪的能力，培育自尊自信、理性平和、积极向上的社会心态。还要将心理健康知识和心理疏导的方法与互联网融合，构建"互联网＋职工心理疏导"工作模式，探索富有工会特色，切合教职工实际需求的教职工心理关爱工作新途径。构建"互联网＋教职工心理疏导"工作模式，就是通过网络平台，构建集心理健康咨询、心理健康体检、心理健康评估、心理健康优化、心理问题预防于一体的一站式服务模式，通过提供心理咨询、教职工心理数据监控、心理训练、危机控制和预警等服务，实现教职工的心理健康援助。

第四节 实施工会"互联网+"行动计划

中华全国总工会第十六届执行委员会第四次全体会议提出，要制订和实施工会"互联网+"行动计划，形成网上网下深度融合、互联互动的工会工作格局。

一、指导思想

工会"互联网+"行动计划的指导思想是：以马克思列宁主义、毛泽东思想、邓小平理论、"三个代表"重要思想、科学发展观、习近平新时代中国特色社会主义思想为指导，全面贯彻党的十九大和十九届二中、三中、四中、五中、六中全会精神，贯彻落实党的群团工作会议精神，按照习近平总书记关于网络安全和信息化工作的重要指示，运用网络技术手段，创新工会组织体制、运行机制、活动方式、工作方法，贯彻落实《中共中央关于加强和改进党的群团工作的意见》，结合《全国工会系统信息化发展规划（2014年—2018年）》，以服务"四个全面"为目标，以互联网技术、互联网思维、互联网手段推动工会工作升级进步，着力发展网络化、智能化、服务化、协同化的"互联网+"服务职工体系，推进互联网在工会领域的广泛应用，为提升工会维权服务水平提供有力支持。

二、基本原则

（一）坚持顶层设计，统筹规划

把握工会系统"互联网+"工作规律，总体统筹，分级建设，坚持平台式构建、协同化发展、体系化推进，优化业务应用模式，统一信息交换和共享标准，打破地方、部门壁垒，切实提高"互联网+"运用水平。

（二）坚持业务创新，开放发展

树立互联网思维，用改革的思路和方法破解制约"互联网＋"行动工作难点和发展障碍，主动运用"互联网＋"技术促进工会服务创新，推动互联网向工会各方面各领域发展，不断满足职工群众维权服务需求。

（三）坚持需求主导，面向职工

坚持以职工为本，立足职工群众需求，围绕工会业务，坚持以用促建，加强统筹协调，科学设计系统，有效提升交流，促进资源整合，协同推进网络基础设施建设。

三、建设目标

（一）功能齐全

"互联网＋工会"应当包含工会工作的各个方面，让职工看得见、找得着、进得去、用得上。要实现积极引导，利用网络大数据分析、感知、预测、预研、预判劳动关系领域重要动向，未雨绸缪，主动出击，为党政部门决策提供可靠依据。要运用网络手段，使"互联网＋"覆盖传统工会阵地和新媒体阵地，建设各具特色的工会网站群，建设工会微博、微信和移动客户端矩阵群，推进与主流媒体、门户网站的合作。要加强网宣队伍建设，综合运用传统媒体和新媒体平台进行网上引导和动员，不断引导广大职工群众增强中国特色社会主义制度道路自信、理论自信、制度自信、文化自信，创新思想政治工作方法，加强人文关怀和心理疏导，打造健康文明、昂扬向上的职工文化，丰富职工精神文化生活，不断丰富和满足职工的精神文化需求。

（二）实用高效

建设过程以实用、管用为原则，做到高效、节俭，倡导数据文化理念，推进工会工作精细化。要把精细化、标准化、常态化的理念贯穿于建设全过程，坚持用数据说话，推动工会工作与大数据技术高度整合，使各项决定部署都有充分的数据支撑。在建设过程中要因地制宜，合理定位，科学组织实施，避免盲目建设和重复建设。

（三）安全可靠

强化安全保障和管理，提高应对网络安全新风险能力，减少网络安全隐患。要加强网络安全技术手段研究和建设，提高网络攻击追溯能力，进一步提高网络攻击的威胁监测、全局感知、预警防护、应急处置、协同联动等能力，提升网络安全意识，加强网络安全防护能力，防范信息泄露。

四、重点行动

（一）加强基础建设

依托国家基础信息资源库，围绕工会中心工作，建设工会组织和工会会员等工会基础数据库，建设并完善工会资产、工会经费、劳模管理、职工帮扶、技能人才、工会法人登记等工会业务数据库，探索建立工会系统信息资源目录，实现主要信息资源的高度统一和有效共享，深入挖掘，综合分析，满足工会工作的需要。

（二）加强平台建设

运用大数据和云计算，通过调研、分析、融合、智能响应等方式，着力打造数字化、规范化、自动化、智能化的工会服务职工综合管理平台。系统推进不同行业、不同单位的工会服务职工信息平台建设，加快建设工会大数据分析系统、职工群体性事件监测研判系统、工会综合协调应急管理系统，为决策指挥、统筹协调和日常工作提供有效服务。

（三）建立标准体系

根据国家电子政务建设总体要求，按照"科学、前瞻、实用"的原则，研究制定工会系统信息化标准体系，制定工会系统信息化建设管理、应用管理、安全保密管理等方面的规章制度，探索建立信息化标准工作长效机制，不断提高工会信息化工作的科学化、制度化、规范化水平。建立统一的服务职工工作体系,满足各项业务要求。制定工会组织机构、工会会员信息等信息的数据标准,逐步形成工会系统信息资源和交换体系标准,建立统一的工会组织基础信息统计制度。

(四)保障信息安全

建设完善工会系统信息安全保障体系,加强网络安全保障基础设施、信息系统和网站信息安全等级保护,建立上线严格测评、运行中定期检测长效机制。研究安全防护技术,健全网络和信息安全标准体系,完善网络安全监测预警和应急处置机制,提升应急处置能力,提高安全防护水平,确保重要数据和系统安全。按照涉密信息系统分级保护、非涉密信息系统等级保护的有关标准和要求,建设并完善工会系统信息安全保障体系,定期进行信息系统安全评估,逐步建立信息系统容灾备份机制。

五、保障支持

(一)加强组织领导

将"互联网+"行动作为工作重点摆上议事日程,结合实际制订具体实施方案,细化分解目标任务,明确职责分工,完善协调发展和推进机制,确保各项任务落实到位。加强政策扶持,加强资源整合和信息共享,消除信息孤岛。加大资金投入,积极争取国家资金扶持,支持互联网创新成果在工会工作各领域广泛应用。

(二)培育人才

围绕"互联网+"发展需求,加大培训力度,帮助工会干部树立互联网思维、增强互联网意识、掌握互联网知识,培育一支工会网络人才队伍,提高服务广大职工的能力。

（三）开展示范带动

开展"互联网+"试点示范工作，推进互联网新技术、新应用、新模式发展，促进互联网深入应用。积极培育发展"互联网＋工会"示范项目，带动"互联网+"行动深入实施。

（四）强化宣传引导

深入研究"互联网+"发展趋势，及时总结各地工会实施"互联网+"行动的新形式、新做法、新模式，形成可复制、可推广的经验成果，引导"互联网+"全面发展。组织宣传报道"互联网+"工会工作的先进典型，引导各级工会增强互联网思维，不断把"互联网＋工会"工作推向深入。

（五）加强考核评估

加强评估督察与绩效评价，形成职责明晰、积极作为、协调有力、长效管用的考核评价体系。支持职工群众参与监督，确保各项任务落到实处。

参考文献

[1] 王岩. 新时代 新作为 新发展：中国高校工会第十九次宣传思想工作会论文集 [M]. 沈阳：东北大学出版社，2018.

[2] 楼成礼. 新常态下高校工会工作实践与创新 [M]. 杭州：浙江大学出版社，2016.

[3] 丁刚. 现代大学制度下的中国高校工会 [M]. 长春：吉林大学出版社，2011.

[4] 张增泰. 高校工会工作的理论思考：第二届中国高校工会工作论坛文集 [M]. 上海：上海交通大学出版社，2008.

[5] 扈春华，胡建国. 高校工会工作概论 [M]. 济南：山东大学出版社，2005.

[6] 张金凤. 做好新时代高职院校工会工作 [J]. 北京市工会干部学院学报，2021，36（03）：35-39，57.

[7] 许明，贾亚丽. 新时代高职院校工会建设的困境及对策 [J]. 职大学报，2021（01）：105-108.

[8] 魏守宽，沈励铭，蒋萌阳，等. 新时代高职院校工会推进青年教职工思想政治教育工作的简析：以宁波某高职院校为例 [J]. 卫生职业教育，2020，38（09）：24-27.

[9] 王超. 浅谈新时期高职院校工会工作的创新 [J]. 才智，2019（19）：153.

[10] 宋聪. 新时代下高职院校工会文化建设研究 [J]. 科技资讯，2019，17（19）：224，226.

[11] 史珂. 关于高职院校工会工作的思考 [J]. 新西部，2018（18）：118-119.

[12] 陆俊超，时丹. 高职院校工会工作的创新研究 [J]. 天津市工会管理干部学院学报，2017，34（04）：18-22.

[13] 王晓庆. 浅谈新常态下高职院校工会工作的创新发展 [J]. 价值工程，2016，35（26）：86-88.

[14] 张晓萍. 高职院校工会管理存在问题及对策分析研究 [J]. 商，2016（12）：69.

[15] 尹红丽. 新时期高职院校创新工会工作的思考 [J]. 统计与管理，2015（12）：160-161.

[16] 朱海群. 高职院校工会参与教职工思想教育工作的思考 [J]. 广东农工商职业技术学院学报，2015，31（04）：19-22.

[17] 漆明龙，陈其芝，刘光明. 高职院校工会服务青年知识分子的情况调查 [J]. 四川职业技术学院学报，2015，25（05）：8-13.

[18] 林青. 高校工会维权职能、途径及创新机制研究 [J]. 湖南税务高等专科学校学报，2015，28（03）：37-38，57.

[19] 张国，李学敏. 关于做好高职院校工会工作的思考 [J]. 北京市经济管理干部学院学报，2014，29（03）：77-79.

[20] 汤雪菲. 高职院校工会创新工作的举措 [J]. 赤子（上中旬），2014（13）：14，215.

[21] 胡兰. 刍议高职院校工会工作创新 [J]. 企业家天地（下半月刊），2014（04）：106-107.

[22] 陈辉玲. 探讨完善高职院校工会职能的措施与途径 [J]. 延安职业技术学院学报，2014，28（01）：35-36，41.

[23] 左利利. 对新形势下高职院校工会工作的思考 [J]. 林区教学，2012（03）：15-17.

[24] 毛建梁. 高职院校工会工作的"六个创新点" [J]. 中国成人教育，2011（21）：76-78.

[25] 林启慧. 高职院校工会如何维护教职工合法权益 [J]. 广西职业技术学院学报，2011，4（02）：84-86.